Más amistades y menos *likes*

Más amistades y menos *likes*

Desarrolla tus verdaderas relaciones en un mundo conectado

Ferran Ramon-Cortés

conecta

Los libros de Conecta están disponibles para promociones y compras por parte de empresas, en condiciones especiales para grandes cantidades. Existe también la posibilidad de crear ediciones especiales, incluidas ediciones con cubierta personalizada y logotipos corporativos para determinadas ocasiones.

Para más información, póngase en contacto con: edicionesespeciales@penguinrandomhouse.com

Papel certificado por el Forest Stewardship Council®

MIXTO
Papel procedente de fuentes responsables
FSC® C117695

Primera edición: noviembre de 2017

Printed in Spain – Impreso en España

ISBN: 978-84-16883-07-3
Depósito legal: B-17.158-2017

Compuesto en M. I. Maquetación, S. L.

Impreso en Black Print CPI Ibérica
Sant Andreu de la Barca (Barcelona)

CN 8 3 0 7 3

Penguin Random House Grupo Editorial

A las dos Sonias, a Andrea y a Max,
mis incondicionales invitados

Índice

Introducción

¿Qué hago aquí?

Son casi las ocho de la tarde. Estoy en un bar, tomando un té que no me apetece y que no me dejará dormir, con una «amiga» de Facebook que me aseguró que no podíamos dejar de quedar porque tenía algo que me iba a interesar («fascinar» es la palabra que usó, creo). Acepté, y no sé por qué. No la conozco de nada, y lo que me cuenta no me interesa en absoluto. Pero aquí estoy, dedicándole una preciosa hora de mi vida. La tengo delante, mirándome a los ojos y hablándome, y no consigo escucharla. Estoy enfadado porque estoy perdiéndome unas maravillosas bravas con un querido amigo mallorquín, y esto me corroe. (Esta mañana me ha enviado un mensaje para anunciarme que estaba en la ciudad, pero no vamos a poder vernos porque estoy aquí, en el bar, escuchando a mi «amiga» de Facebook y su marciana propuesta.) Vivo la escena como si fuera una película, y solo acierto a hacerme una sencilla pregunta:

¿Qué hago aquí?

Una pregunta que me lleva a otra todavía más importante:

¿Cómo he llegado hasta aquí?

La cena estaba organizada desde hacía tiempo. Con los amigos del colegio. Hemos estado compartiendo mensajes de wasap para calentar el ambiente. Promete ser una velada especialmente divertida. Y de repente empiezo a encontrarme mal. Los cuatro días de asfixiante trabajo están pasándome factura. Rememoro la semana. Se me aparecen unos cuantos —muchos— compromisos, que sin duda podía haber evitado. Y unas cuantas horas nocturnas contestando correos inútiles. Envío un mensaje al grupo: no voy a la cena. Y el resto de la noche me lo paso viendo las fotos que van colgando, con sus delirantes comentarios. Me voy a dormir triste. Lo que ha consumido mi energía no vale la pena. Esa cena, sí. Y no es la primera vez que no voy, es la segunda. Y por lo mismo. Me quedo con la sensación de que algo muy valioso se me escapa de las manos.

Vuelvo a hacerme la misma pregunta (esta vez, con la boca pequeña):

¿Cómo he llegado hasta aquí?

Estos son hechos reales. Y lo que desenmascaran es algo que me pasa y nos pasa a muchos: que, secuestrados por contactos inútiles, por personas que no nos interesan, por constantes wasaps, e-mails y mensajes de todo tipo y estilo, estamos descuidando nuestras verdaderas relaciones.

Nuestras relaciones son nuestra vida.

De nuestras relaciones depende nuestra felicidad. Y hasta nuestra longevidad.*

Nos va la vida en nuestras relaciones.

---

* La Universidad de Harvard ha llevado a cabo el mayor estudio sobre la felicidad realizado nunca —con el seguimiento de 724 personas durante setenta y cinco años—, según el cual solo hay un factor que de forma consistente explique por qué algunas personas son más felices que otras: **la calidad de sus relaciones.** Y en el que se demuestra, además, cómo las relaciones influyen también en la longevidad. Puedes ver la presentación del estudio en www.adultdevelopmentstudy.org.

Y ¿qué estamos haciendo con ellas?

Con las que no nos interesan: perder un tiempo precioso.

Con las que nos destruyen: dejarnos la piel.

Con las que de verdad nos importan: no disfrutarlas (y me temo que tampoco cuidarlas).

> Cruzo las calles contestando wasaps (en algunas ciudades han puesto semáforos en el suelo para que los veamos).
>
> Me escribo por e-mail con personas por puro compromiso (sin tener ni idea de por qué lo hago).
>
> Acepto citas con supuestos amigos que no conozco.
>
> Aguanto a contactos que no me interesan.
>
> Ceno con amigos que hace mucho que, por desgracia, dejaron de serlo...
>
> ... y me **pierdo a mis verdaderos amigos.**

Y no soy el único. A mi alrededor veo que pasa lo mismo. Veo a la gente cruzar la calle contestando wasaps y correos las veinticuatro horas del día. Y me cuentan que aceptan citas con «amigos» que no conocen, que aguantan a contactos que no les interesan y que cenan con amigos que ya no lo son. Como yo.

Mal de muchos...

Y ¿por qué nos ocurre esto?

Hay una primera causa: nuestra hiperconexión.

**Estamos más conectados
que nunca a muchos,
y más desconectados
que nunca de todos.**

Sumergidos en un mundo en el que cualquiera puede contactar con nosotros —y nosotros podemos contactar con cualquiera—, dedicamos un montón de tiempo y energía a supuestos amigos, inútiles contactos y relaciones que no nos llevan a ninguna parte, jugándonos —porque estamos descuidándolas— las relaciones más valiosas.

Podemos relacionarnos con quien queramos cuando queramos y desde donde queramos. Tenemos a nuestro alcance a todas las personas que se nos ocurran, a todas, y en todo momento. Y nosotros estamos totalmente al alcance de ellas también. De todas, y en todo momento. Y al final lo que está ocurriéndonos es que confundimos —y mezclamos— dos cosas que son en esencia muy distintas: los contactos y las verdaderas relaciones.

Y a base de dedicar tiempo a los contactos, nos perdemos las verdaderas relaciones.

Me escribió por e-mail porque había leído un libro mío y le había gustado. Le contesté con cordialidad. Y me escribió de nuevo. Intercambiamos dos correos más —exactamente dos—, sin mayor trascendencia, y ahí terminó la historia. Hasta que un día apareció en una presentación mía. Se me acercó y me recriminó mi falta de implicación en nuestra amistad. Me echó en cara que predicaba una cosa (la comunicación) y hacía la contraria (no comunicarme). Que esas no eran formas de mantener una amistad. Perplejo, mientras la escuchaba yo me preguntaba: «¿De qué amistad me está hablando?». ¿Desde cuándo dos personas que no se han visto nunca, que apenas han compartido dos correos de compromiso, son amigos?

Y hay una segunda causa: nuestras tragaderas.

Aguantamos estoicamente relaciones que no tenemos por qué aguantar. Aguantamos a amigos que no lo son (y ya se encargan de demostrárnoslo de vez en cuando). Aguantamos a personas porque son nuestro «algo» —amigo, pariente, colega, compañero...— o porque las conocemos de toda la vida, o por lo que sea. Nos parece desalmado dejar de relacionarnos con ciertas personas o simplemente alejarnos de ellas. De las que nos consumen vivos o de las que fueron y ya no son... Vivimos instalados en la creencia de que tenemos que mantenerlas. Que es nuestra obligación.

Nos dejamos nuestra energía en ello.

Y ¿quién pierde en esta historia? Nosotros y nuestra felicidad. Porque acabamos sin tiempo —o sin energía— para disfrutar de nuestras verdaderas relaciones, las que nos llenan y hacen que nos sintamos bien. Las que nos dan energía. Nuestras mejores relaciones se llevan la peor parte: anulamos cenas en el último momento por un absurdo compromiso, o cancelamos encuentros (o bien, ni los organizamos) por puro cansancio.

Secuestrados por los contactos

Este es el primer mal. Confundir las relaciones con los contactos. Confundir a la persona que nos da un *like* con alguien que nos importa. O pensar que los «amigos» de las redes son, en efecto, amigos.

¿Alguien que no te conoce te escribe un correo? Fantástico. Es, en el mejor de los casos, un contacto. Y está muy lejos aún de ser una relación. ¿Alguien te obsequia con un *like* en Twitter o en Instagram? Felicidades. Es —seguro— solo un contacto; en absoluto una relación.

Un contacto es una persona que se nos cruza en el camino. Interesante, claro; hay personas maravillosas con quienes nos cruzamos por casualidad en el camino. Pero hoy por hoy no es nada más.

Una relación es una persona importante en nuestra vida.

Alguien con quien queremos estar cara a cara, a quien queremos tocar y abrazar.

Una persona con la que queremos compartir un tiempo precioso, con la que podemos charlar, reír y llorar.

Y estas son cosas que ni podemos ni queremos hacer con todo el mundo.

¿Tienes muchos contactos? Es estupendo y puede serte muy útil. Y no hay duda de que se te da muy bien el *networking*. Pero gestiónalos como contactos, con límites de tiempo y restricciones. En tiempo laborable.

¿Tienes muchas relaciones? Estupendo también. Si son auténticas. Y hasta que sean demasiadas y no seas capaz de gestionarlas. Con las relaciones habrá que ser restrictivos también. Porque tenemos que poder cuidarlas y mimarlas, y no vamos a poder hacerlo con muchas.

¿Algunas de tus mejores relaciones empezaron como contactos? Por supuesto. Me ha pasado muchas veces. Pero tengamos claro en qué momento y por qué las cambiamos de estatus. Y asegurémonos de que se merecen este cambio.

Fui a cenar con el grupo de padres del colegio de mi hijo pequeño, con más pereza que ganas. Estaba cansado y no podía dejar de pensar en mi cama, perfectamente preparada para sumergirme entre las sábanas. Llegué tarde y me tocó sentarme en el único sitio libre. Y para mi sorpresa, mantuve una conversación maravillosa con mi vecino de mesa. Pese a mis bajas expectativas, pasamos un buen rato. Muy buen rato. E intercambiamos correos. Él se convirtió en un nuevo contacto (así es como aparece en el móvil cuando quieres grabar el número). Hubo más cenas. Y en más de una nos buscamos para sentarnos juntos. Hoy es un GRAN amigo. Tan amigo que, a pesar de vivir en Madagascar, seguimos hablando —por Skype— y no dejamos de vernos cuando viaja a Barcelona. Nuestra amistad es fruto de un contacto fortuito, y se mantiene gracias a internet y Skype. Pero ha sido uno entre muchos. Por el camino, numerosos contactos siguen en mi agenda solo como eso: contactos.

Al final, para salir del colapso, y para cuidar y disfrutar de las relaciones que queremos, lo primero que hemos de tener muy claro es cuándo alguien es solo un contacto y cuándo queremos que sea una relación.

Cuando dedicamos demasiado tiempo a los contactos, y demasiado poco a las relaciones, comenzamos a tener un problema.

Empezamos a responder wasaps en plena cena con nuestros amigos, o a aplazar indefinidamente encuentros y salidas con personas a las que queremos. Y acabamos perdiéndonos los mejores momentos con nuestras mejores relaciones.

Es cierto: la hiperconexión es un gran regalo (¡qué lujo poder hablar cuando quiero con mi hijo, que está de Erasmus en Munich!, ¡a cuántas personas interesantes hemos podido conocer gracias a las redes!). Pero es también un gran peligro: nos roba incontables horas de vida si no sabemos poner límites y filtrar nuestras relaciones.

Y ahondando en la diferencia:

Los contactos van y vienen. Algunos te caen del cielo, otros se esfuman. De repente, te entran muchos, y con la misma rapidez te dejan otros tantos. Hay gente que se desespera cuando le baja el contador de seguidores de Twitter o cuando cuelga una foto y no llega al centenar de *likes*.

Las relaciones, en cambio, tienen que construirse; y o las cuidas o mueren.

Por eso también podemos tener solo las que podemos tener, porque si nos pasamos queriendo demasiadas (o entregándonos en cuerpo y alma a aquellas que nos desgastan, como veremos más adelante), no nos quedará ni tiempo ni energía para crear, disfrutar y cuidar de las buenas.

Aguantando lo inaguantable

Y este es el segundo mal. Que aguantamos relaciones que no tienen ningún sentido.

Una relación es cosa de dos y ha de ser positiva para ambos. Porque las relaciones son para disfrutar, para crecer como personas y para ser felices, no para sufrir.

Lo que no excluye que en una determinada relación debamos lidiar con momentos difíciles.

¿Alguien a quien quieres está pasándolo mal? Ayúdalo. Aunque te suponga un desgaste. Forma parte del contrato de la relación.

Pero... ¿hay alguien que sistemáticamente te contagia su negatividad o te roba la energía? Aléjate. Sea quien sea. En este caso no importa la etiqueta. Porque esa energía que vuelcas en esa persona se la quitas a las relaciones que te llenan. Y estás perdiéndote mucho. Estás perdiéndote la posibilidad de disfrutar de tus buenas relaciones. Una parte preciosa de tu vida.

> Quedaba bastante a menudo con él. Pero teníamos un acuerdo tácito. Nos veíamos solos. Después del trabajo y antes de cenar. Porque sospecho que su pareja no me aguantaba. Y a mí ella tampoco me gustaba. Él y yo nunca lo llegamos a hablar abiertamente. Pero él es muy intuitivo y sé que lo sabe. Por eso quedábamos cuando quedábamos. Y donde quedábamos. Citas que nuestras parejas muchas veces ni conocían (no porque las escondiésemos, simplemente las omitíamos). Esto blindó durante años nuestra relación, que para mí era y es muy importante.

Ahondando de nuevo: todos podemos pasar una mala época, y no se trata de huir de los problemas de los otros (aunque haya gente que lo haga). Con una persona con quien mantenemos una buena relación, estaremos a las duras y a las maduras. Y haremos todo lo posible por resolver los conflictos y echarle una mano si tiene problemas. Y ayudarla a salir del pozo en el que pueda haberse metido.

Pero es que hay relaciones que no nos aportan nada, o que nos aportan algo que no queremos. Igual que existen otras que directamente nos hacen daño. Dejar de lado estas relaciones no solo es sensato, sino necesario. Porque nos dejan fundidos y luego no podemos entregarnos a otras relaciones que sí queremos.

Este libro lo hemos escrito (yo, Ferran, escribía, y Sonia, mi pareja, corregía y marcaba el camino) porque en un momento concreto de nuestra vida los dos hemos necesitado contestar una pregunta: ¿Cómo podemos dedicar nuestro tiempo y energía a las personas que de verdad nos importan?

Reformulada:

¿Cómo podemos estar en cada momento con las personas con quienes queremos estar?

Vamos a intentar responderla. Dando algunas pistas que a nosotros nos están ayudando.

Porque una hora con un buen amigo vale todo el oro del mundo. Como una buena conversación con un hijo, o una velada con un padre. Y no podemos perdérnoslo. Es demasiado valioso y demasiado interesante. Las buenas relaciones son la energía de nuestra vida.

1

Cinco premisas básicas

Una idea me ronda por la cabeza. Cojo mi agenda. Me voy dos meses atrás. Miro todas las citas que he tenido (cenas, comidas, cafés y demás encuentros incluidos). Un total de veintidós entre trabajo y contactos. Y solo encuentro una cena que me hacía ilusión. Más un café y una comida. Y por el camino, me he perdido la inauguración de la exposición de una amiga, una cena con «las incondicionales» —nombre de guerra de un grupo de amigas que conocí gracias a uno de mis libros— y un *facetime* con unos amigos que están viviendo fuera y que he pospuesto dos veces.

Mucha actividad y muy poco mimo a las personas que quiero. Mal balance. Necesito ordenar mis relaciones.

Y seguro que no soy el único. Necesitamos ordenar. Para no perder el tiempo con contactos inútiles y dedicárselo a las personas importantes. Y disfrutar con ellas.

Pero para ponernos en marcha, necesitamos estar de acuerdo con algunas premisas. Porque determinarán lo que podemos y tiene sentido hacer con nuestras relaciones.

Estas son **cinco premisas básicas** que tienen que ver con la naturaleza de las relaciones.

Si las tenemos presentes, podremos poner orden con sentido.

Si las pasamos por alto, el orden será solo un espejismo.

Primera premisa: El número de relaciones que podemos manejar es finito. Y muy pequeño

Podemos tener miles de contactos (porque somos activos en las redes, o porque lo necesitamos profesionalmente). Pero **no podemos mantener miles de relaciones. Ni siquiera cientos.**

¿Cuántas relaciones somos capaces de mantener?

Si pensamos en personas que hemos conocido y nos han caído bien, personas de las que conservamos el correo, o incluso el teléfono, la cifra se nos dispara (y cuantas más tengamos, mejor; algún día pueden sernos útiles o tal vez queramos recuperarlas). Pero no son relaciones; siguen siendo contactos.

Si pensamos en relaciones de verdad, con personas con quienes nos vemos y nos abrazamos, en las que se da un contacto directo personal, y este contacto se da de forma mínimamente continuada, la cifra es necesariamente muy pequeña.

De dos dígitos a lo sumo, y el primer dígito pocas veces pasará del 2.

Para la mayoría de nosotros, el número máximo de relaciones activas que seremos capaces de gestionar de manera intensa y simultánea oscilará entre las veinte y las treinta. No muchas más.

Otra cosa muy distinta es que este número de relaciones no tienen por qué ser todas nuestras relaciones posibles. Son nuestras relaciones activas en un instante preciso. En la cifra que nos salga se dará una movilidad de personas importante. Algunas ocuparán una posición privilegiada en un momento dado, y otras la perderán. Es natural, y así hemos de vivirlo.

Un amigo con quien nos vemos todos los veranos formará parte durante unas semanas de nuestro círculo más íntimo, para salir de este una vez que se hayan terminado las vacaciones dejando paso —por ejemplo— a un antiguo compañero de la facultad con el que nos hemos reencontrado en una cena. Y un compañero de la empresa ocupará una posición central en nuestro círculo de relaciones durante los años en los que habremos trabajado juntos, para salir de este (aunque será recuperable, sin duda, si así lo queremos) al año de haber cambiado de trabajo.

> Tengo un vecino pescador. Es mi vecino en el pueblo donde veraneo. Una de las cosas que más me gustan del mundo es acabar el día sentado en su terraza, al borde del mar, viendo pasar los barcos, y tomando una «pomada» (típica bebida menorquina, altamente peligrosa para los que no la conocen). Es, sin duda, mi mejor amigo de verano. Y está por delante de cualquier otro. Si puedo cenar con él, no me lo pierdo. Si me invita a pescar (no lo hace mucho porque no le gusta que lo distraigan en su trabajo), no me lo pierdo. Pero en invierno no nos vemos. Nos llamamos de vez en cuando, poco más. Nuestra amistad hiberna. Sin embargo, despierta con ímpetu al verano siguiente. Y a pesar de tales vaivenes, sigo considerándolo mi mejor amigo de verano. Y uno de los mejores amigos que tengo.

Si nos preguntamos con cuántas personas llegaremos a cruzarnos a lo largo de nuestra vida, la respuesta será con miles. Sin duda.

Pero la pregunta relevante es esta: ¿Con cuántas personas podemos relacionarnos de forma activa y simultánea en un momento preciso?

La respuesta es con relativamente pocas.

Algunos piensan que, cuantas más relaciones tengan, más rica será su vida.

Es posible.

Pero no siempre es cierto.

Podemos tener muchas relaciones y que ninguna nos llene, del mismo modo que podemos tener muy pocas y que nos llenen por completo.

En cualquier caso, los meses tienen treinta días y, los días, veinticuatro horas (y dormimos unas cuantas). Y esto da para lo que da.

No podemos mantener una relación intensa y continua con muchas personas al mismo tiempo, porque simplemente nos agotaríamos.

Por tanto, podemos mantener simultánea e intensamente un número limitado de relaciones. Si no asumimos esta premisa, creeremos que podemos gestionar centenares de relaciones, y lo que ocurrirá es que las perderemos todas.

No tendremos ni la ocasión ni la energía para cuidarlas, y se nos escurrirán entre los dedos.

Y un día miraremos alrededor y, a pesar de haber tenido cientos de «amigos», nos sentiremos muy solos.

Segunda premisa: Las distintas relaciones son precisamente eso: distintas

No existen relaciones iguales. Ni por asomo. Todas son distintas.

Las hay de mucho contacto y mucha profundidad (es lógico).

Y las hay de poco contacto y mínimo vínculo (es lógico también).

Pero las hay asimismo de mucho contacto y poca profundidad (qué lástima).

Y de poquísimo contacto y enorme vínculo (una maravillosa rareza).

La frecuencia del contacto no determina la calidad de una relación. Tampoco la etiqueta que le colguemos (familia, amigos, compañeros de trabajo, exalumnos...). Porque tenemos relaciones muy diferentes con distintos amigos o con distintos parientes. Y, además, tales relaciones van cambiando. Ninguna etiqueta define ni lo que es ni lo que debería ser una relación, y mucho menos su calidad.

Lo que de verdad determina cómo es una relación es la profundidad y la autenticidad de la comunicación.

La calidad de una relación no la determinan su naturaleza ni su antigüedad, sino su profundidad.

Hay personas a las que hace siglos que no vemos y, aun así, al encontrarnos con ellas sentimos que no ha pasado el tiempo. La intensidad de la relación es como al principio. Es fácil que cuando recuperamos a un antiguo amigo de la escuela, al que hemos perdido de vista muchos años, ambos percibamos la misma complicidad que en el patio del colegio. Y eso ocurre porque probablemente con esa persona hemos compartido emociones muy profundas, sentimientos muy íntimos, de modo muy auténtico. Y eso es lo que blinda y cimienta de manera sólida la relación.

> En la infancia, tuve un amigo muy íntimo. A la salida del colegio, casi a diario me plantaba en su casa, merendábamos, vaciábamos la nevera de Coca-Colas y jugábamos al baloncesto en la terraza. Yo era —y me sentía— casi parte de su gran familia (eran ocho hermanos, uno más o uno menos no cambiaba nada). Un día dejó la escuela para seguir estudiando en un instituto de otro barrio. Y ya no nos vimos más. Hasta que, pasados cuatro años, nos cruzamos por la calle. Nos saludamos con alegría. Me invitó a su casa, merendamos —cambiamos las Coca-Colas por cervezas—, hablamos —ya no nos interesaba el baloncesto— y retomamos la relación con toda la naturalidad del mundo. Empezamos la universidad, cada uno en su carrera y en su facultad, pero estudiábamos juntos. Hoy, después de treinta años, y aunque vive muy lejos, es la primera persona a la que llamo cuando ocurre algo importante en mi vida.

Por el contrario, hay personas con quienes hemos convivido intensamente en el tiempo, con las que hemos salido casi semanalmente, pero que cuando, por algún motivo, dejamos de verlas desaparecen de nuestro imaginario. No nos acordamos más de ellas. Con los padres de los amigos de nuestros hijos tenemos épocas de mucha convivencia. Organizamos paellas, excursiones, alguna que otra cena. Nos reímos y pasamos buenos ratos juntos. Pero en cuanto nuestros hijos cambian de grupo es fácil que nos olvidemos de estas relaciones. Probablemente porque lo que hemos compartido es mucho más superficial; lo hemos pasado bien juntos, pero no hemos creado una gran complicidad. No hemos compartido materia emocional, y esto vuelve la relación endeble.

La fortaleza y la calidad de una relación no la determina el grupo al que pertenece. No podemos poner a todos los familiares en el mismo saco, ni a todos los amigos; con algunos podemos tener una estrecha relación y con otros no. Tampoco la determina el tiempo (ni el que hemos compartido juntos, ni el que ha pasado entre un encuentro y el siguiente).

La calidad de la relación es consecuencia de la comunicación que compartimos.

No hay relaciones fuertes sin autenticidad o sin abrirse emocionalmente.

Una relación fuerte requiere mojarse.

Tercera premisa: Las relaciones cambian. Y esto es permanente

Las relaciones no solo se crean: también crecen, evolucionan, se desgastan, terminan y en algunas ocasiones —aunque no en muchas— reviven o renacen. Nuestro círculo de relaciones estará siempre en constante cambio.

Este es un hecho no solo natural, sino también necesario: si mantuviéramos para siempre nuestras relaciones originales, nuestro círculo permanecería cerrado (y a una temprana edad, presumiblemente; solo formarían parte de él los compañeros de clase) y nos perderíamos maravillosas oportunidades de conocer gente extraordinaria a lo largo de nuestra vida.

Además, nosotros también cambiamos. Crecemos. Evolucionamos. Cambian nuestros valores y nuestra forma de ver la vida. Es lógico que con personas con las que nos entendíamos especialmente bien en una etapa, en otra dejemos de hacerlo. Y que empecemos a entendernos con otras; y que con personas con quienes nos lo pasábamos muy bien en un período dejemos de hacerlo, y nos lo pasemos bien con otras. Nosotros cambiamos, y es natural que cambien también nuestras relaciones.

Cuando terminamos la escuela y vamos a la universidad, nuestros amigos cambian. Aunque nos prometemos que los mantendremos todos, no lo conseguimos. Y cuando nos casamos y tenemos hijos, los amigos vuelven a cambiar. Creíamos que mantendríamos los de la universidad, pero acabamos perdiendo a muchos de ellos. Pasamos por distintas etapas vitales que requieren distintos compañeros de viaje; si el círculo no fuera abierto, viviríamos etapas con relaciones equivocadas, relaciones que no nos ayudarían en esa parte del viaje.

Nuestro círculo de relaciones no será nunca ni estable ni permanente (y es bueno que no lo sea).

> Tienen 39 y 35 años, respectivamente. Mi mujer y yo, 50 y 54 (¡ayyy!, me matará por escribirlo). Hay bastante diferencia de edad, casi pertenecemos a generaciones distintas. Las dos parejas empezamos a salir juntos hace un año, y continuamos saliendo; porque en los respectivos momentos vitales en que estamos, encajamos. Y mantenemos conversaciones en las que nos lo pasamos bien y sentimos que nos ayudamos. Yo puedo hablar abiertamente con ellos de mis problemas: no conocen la historia, ni tienen prejuicios, ni conocen con demasiada profundidad a las personas de quienes les hablo. Ellos lo hacen de los suyos (imagino que por los mismos motivos). Y por el camino, además de desahogarnos, nos reímos, reímos mucho, y esto nos carga las pilas. No acabo de entender por qué salen con nosotros —¡somos muy mayores para ellos!—, pero tampoco le doy muchas vueltas. Estamos bien juntos en esta fase en la que cada uno de nosotros intenta descubrir la siguiente etapa de su camino.

Un círculo de relaciones abierto da cabida a nuevas relaciones. **Un círculo de relaciones cerrado tiene todas las papeletas para acabar agotándose.** En cualquier buen círculo hay personas permanentes (lo que es completamente lógico). Pero, como tal, hay que asumir que su naturaleza es cambiante. Es un sistema en constante movimiento, y no debemos temer que algunas relaciones lleguen a su fin.

Cada momento es cada momento y necesitamos las relaciones que necesitamos.

Si alguna relación no tiene sentido ahora, dejémosla marchar. Si alguna ha de volver, lo hará.

Si perdemos una relación, quizá hayamos creado el espacio para que llegue otra, que en este momento puede sernos especialmente valiosa.

Cuarta premisa: Las relaciones que no se cuidan se mueren

Las relaciones no funcionan solas. Alguien debe tomar la iniciativa, hacer que pasen cosas, provocar encuentros, generar espacios para compartir y hacerlas crecer. Si no alimentamos una relación, tarde o temprano se convertirá en poco más que un entrañable recuerdo.

Tenemos que desempeñar un papel activo en las relaciones

que nos dan vida; incluso en aquellos casos en que la otra persona ya es muy activa y toma la iniciativa. Si la relación nos llena, hemos de poner de nuestra parte. Porque la otra persona un día puede cansarse, o vivir mal el desequilibrio entre lo que nosotros dedicamos y lo que ella dedica a la relación. Las relaciones no funcionan por inercia.

Y en las relaciones, nuestra capacidad de fantasear es poderosa, al punto de que algunas solo las vivimos en nuestra imaginación.

Hay personas con quienes no quedamos desde hace años. Y sin embargo, juraríamos que nos hemos visto hace poco. Y este es el problema: no hacemos nada porque creemos que ya estamos haciendo, o que ya hemos hecho.

¿Por qué ocurre esto? Pues porque sin duda lo que sí hemos hecho es pensar en que deberíamos quedar. Y para la mente, hacerlo o imaginarlo es lo mismo.

Creemos que hemos alimentado una relación y no lo hemos hecho.

La hemos alimentado solo en nuestra imaginación.

En las relaciones, pensar en actuar no es suficiente: hay que actuar.

> A raíz del accidente de tráfico de un compañero pasamos cinco horas juntos en la sala de espera de un hospital, después de una cena en la que habíamos celebrado los veinticinco años de licenciatura. Aquella espera nos sirvió de reencuentro y nos dimos cuenta de que estábamos bien juntos. Y decidimos repetir. Vernos asiduamente. Quedamos para una primera cena al cabo de pocas semanas. Y para una segunda ya mucho más tarde. Y tenían que venir más, pero no cuajaban. El proyecto estuvo a punto de naufragar. Hasta que un miembro del grupo tomó las riendas y desde entonces no ha fallado. Llevamos cinco años frecuentándonos. Incansable, nos convoca, nos persigue, nos manda las fotos del encuentro al día siguiente... Se lo trabaja disciplinadamente. Sin él, no habría grupo. Sin él, nos habríamos perdido algo muy valioso.

Y ¿qué significa exactamente cuidar una relación?

Significa quedar.

Hablar.

Compartir.

Tener detalles y estar disponibles. Sobre todo en los momentos importantes. Significa sintonizar con precisión el radar para darse cuenta de cuándo nos necesitan o de cuándo necesitamos pasar un rato más con alguien. Y cuándo estamos de más o es mejor que nos marchemos.

Y la disponibilidad de tiempo vuelve a jugar en nuestra contra. Porque cuidar una relación requiere mucho tiempo; por eso no podremos asumir muchas relaciones y por eso, sin darnos cuenta, algunas las descuidaremos fácilmente.

Podemos ejemplificarlo con un sencillo cálculo:

¿Nos parecería sano dedicar un par de horas al mes a cada relación valiosa?

O de forma alternativa: ¿nos gustaría cenar una vez al mes con nuestros mejores amigos?

Pues si nuestro círculo es de treinta relaciones —lo cual, en apariencia, no es ninguna exageración— tendremos que cenar fuera todos los días. Y dedicar una semana entera a cuidarlas.

Quinta premisa: Una relación es una invitación. Si no hay libertad no hay relación

Las relaciones son cosa de dos, y una relación jamás puede ser una imposición. Las relaciones solo funcionan cuando sentimos la total libertad de estar en ellas como queremos.

Cuando dejamos de sentir la libertad de estar más cerca,
o estar más lejos;
de vernos mucho,
o de vernos poco;
de comunicarnos mucho,
o de permanecer silenciosos;
de aceptar una invitación
o de decir no;

cuando pensamos en una relación en términos de obligación, deja de ser una relación.

En libertad las relaciones crecen —nos apetecen las relaciones en las que nos sentimos nosotros mismos— y evolucionan (si nuestro momento vital cambia, es posible que cambiemos de tipo de relación).

Sin libertad, las relaciones simplemente descarrilan.

En cualquier relación, si uno de los dos miembros quiere o

necesita algo distinto de lo que está teniendo, habrá que respetarlo. Y aceptarlo.

Y que un buen amigo lo sea para toda la vida **no está garantizado.** Puede ocurrir y será una suerte —o un privilegio—, pero puede no ocurrir y no será nada extraño, solo una lástima en algunos casos.

> Verano. Terraza frente al mar. Una cena cuidadosamente preparada con un grupo de amigos invitados. Amigos de toda la vida. Y a medida que pasaban los minutos fuimos teniendo la extraña sensación de que estaban allí por compromiso. Hablaban más entre ellos que con nosotros. Se nos agotaban los temas, y la cena terminó pronto. Probablemente, no habrá otra.
>
> Verano. Terraza frente al mar. Una cena también cuidadosamente preparada con los padres de unas amigas de nuestra hija a los que apenas conocemos. Y a mitad de la velada, ya teníamos la maravillosa sensación de que todos (nosotros y ellos) estábamos especialmente a gusto. Acabamos tarde. La sobremesa fue larga. Y esperamos con impaciencia que se repita.

Las relaciones funcionan cuando estamos bien con el otro, pero también cuando el otro está bien con nosotros. De lo contrario, si una de las partes actúa por otros motivos, la relación no funcionará. O sí, pero será una relación de pura conveniencia.

Y una relación es siempre una invitación. Que puede surgir de la intuición (creo que con esa persona me entenderé bien), de una experiencia fortuita (he estado en una cena y he congeniado con alguien) o de la tozudez del destino (es la tercera vez en un mes que coincido con una persona determinada). También de la intención directa (quiero conocer a alguien y lo busco).

Pero es eso, una invitación.

Y si el otro no recoge el guante (porque no es el momento, porque no le apetece, porque no siente lo mismo que yo...), no podemos (ni tenemos que) hacer nada.

Aunque nos gustaría, no podemos relacionarnos con todo el mundo. Si la otra persona no quiere, o no puede, no hay solución.

Desde la libertad nacerá la autenticidad y, desde la autenticidad, la profundidad.

Un gran privilegio en la vida es tener la seguridad de que quiero estar con quien estoy, y que al otro le ocurre lo mismo.

Estas son las cinco premisas que rigen las relaciones. Tenerlas bien presentes nos ayudará a saber lo que podemos y no podemos hacer en cada momento y con cada relación.

Descritas las premisas, ha llegado ahora el momento de **ordenar.**

Porque es lo que debemos hacer para dar respuesta a nuestra pregunta fundamental:

¿Cómo podemos estar en cada momento con las personas con las que queremos estar?

2

Ordenando mis relaciones

Y ¿cómo se ordenan las relaciones?

Las relaciones se ordenan como cualquier cosa que queramos ordenar: el armario, una librería, el garaje... Tenemos que hacer tres cosas: Elegir, Cuidar y Sanar.

Elegir. Siempre que ordenamos, lo primero que debemos hacer es limpieza en nuestras relaciones, revisarlas y decidir cuáles queremos y cuáles no. Y si descubrimos que nos faltan algunas, habremos creado el espacio para incorporarlas.

Cuidar. Las cosas que nos quedamos son las que nos importan, y si no las cuidamos se estropean; las relaciones que no se cuidan se pierden. Cuidarlas significa dedicarles tiempo y energía.

Sanar. Porque al ordenar encontraremos cosas que queremos, pero que están estropeadas. En nuestras relaciones ocurrirá lo mismo: las hay muy valiosas para nosotros, pero que están dañadas. Solo sanándolas disfrutaremos de ellas de verdad.

Elegir, Cuidar y Sanar.
Y en esta secuencia.
Estas son las bases
para ordenar.
Ordenar lo que sea.
También nuestras relaciones.

Elegir

Para empezar a ordenar lo primero que tenemos que hacer es Elegir.

Elegir es decidir, respecto a cada relación, si tiene sentido o no para nosotros.

Si la queremos o no.

Para continuar con ella y dedicarle tiempo y energía, o dejarla correr.

Tenemos que revisar todas nuestras relaciones y decidir las que queremos. Las que para nosotros son valiosas.

Y ¿cómo podemos hacerlo?

Una relación es siempre una invitación. Así que imaginemos que organizamos una cena.

¿A quién invitaríamos? Si soy capaz de confeccionar mi lista de invitados, habré elegido mis relaciones.

Sí... pero no.

Porque no todas las relaciones son iguales.

Tenemos distintos niveles de relación.

Unas son muy cercanas, otras menos.

Con unas tenemos una gran confianza, con otras menos.

Y en cada nivel, lo que buscamos y esperamos es distinto.

No podemos pensar en una sola cena. No nos servirá. Porque no a todo el mundo lo invitaríamos a la misma cena.

Hay personas a las que...

... invitaríamos a una cena en casa (implica un alto nivel de confianza);

... invitaríamos a una cena en un restaurante (la confianza y el compromiso serán menores);

... invitaríamos a una cena en la cocina de casa (la confianza va a ser máxima).

Son tres niveles de confianza distintos. Tres cenas diferentes. Cada una con sus reglas del juego. Y en cada una tendré que elegir quiénes forman parte de la lista de invitados y quiénes no.

Ahora sí, si soy capaz de hacer mis tres listas, habré elegido definitivamente mis relaciones.

La cena en casa

No abrimos las puertas de nuestra casa a todo el mundo. Solo a aquellos con quienes tenemos un buen nivel de confianza. Por tanto, no invitaremos a todo el mundo.

Mi casa es para las personas con las que mantengo una relación sólida y me siento especialmente bien.

Invitamos a casa a las personas importantes de nuestra vida.

Personas que queremos a nuestro lado.

Que nos llenan.

Y con las que compartimos o hemos compartido experiencias valiosas.

Será una cena pensada y preparada, con una mesa bien puesta y todos los detalles cuidados.

Nos sentaremos alrededor de una gran mesa para hablar y compartir, mirándonos a los ojos, e iniciando distintas conversaciones a lo largo de la noche.

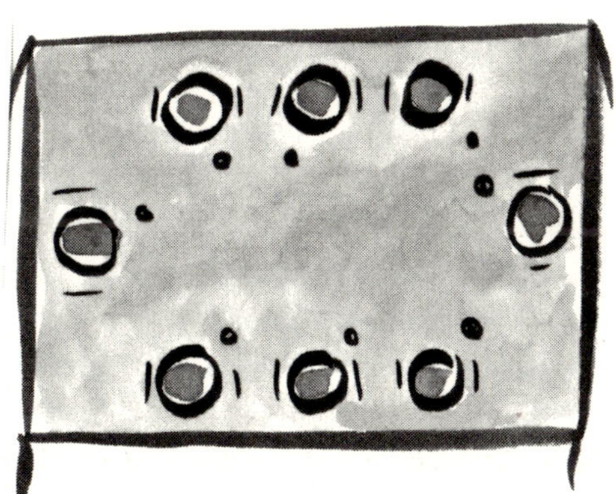

Somos vecinos de rellano desde hace diez años. Nos vemos a diario. Y como nuestros hijos van a la misma escuela, nos turnamos para llevarlos por la mañana. Una semana él va tres días y yo dos, y a la siguiente, al revés. Mi perra (una labrador encantadora) se cuela en su casa cuando las dos puertas están abiertas, y se la quedan un rato. Luego llaman y la devuelven (supongo que alguna vez les ha comido algo de la cena). Y a pesar de que convivimos con toda naturalidad, un día sentimos la necesidad de invitarlos a casa. Compartir una cena y una botella de vino. Para «oficializar» la relación y expresarles que eran importantes para nosotros. Queríamos que fueran, al menos por una noche, nuestros invitados a casa.

Y en una cena en casa, y por grande que sea la mesa, caben los que caben, que no pueden ser muchos. La lista de invitados tendrá que ser bastante restringida. ¿Diez, veinte? Siempre es difícil dar una cifra; además, será arbitraria. Pero entre diez y veinte seguro que es algo sostenible; un centenar puede ser maravilloso pero es inviable. ¿Dónde los meto? ¿Cómo me ocupo de ellos?

¿Cómo elegimos a nuestros invitados?

Pondremos en la lista a los que nos hemos buscado: a nuestros amigos íntimos, o aquellos con quienes nos sentimos especialmente bien, y algunas personas referentes en nuestra vida. Son seres que nos enriquecen y nos hacen crecer como personas. Serán nuestros invitados estrella y debemos tratar de no dejarnos a ninguno fuera.

Pero vamos a tener también a invitados que no nos hemos buscado: son todas las personas de nuestros entornos naturales (familiar, laboral y círculos a los que pertenecemos) que no hemos elegido, sino que la vida nos ha brindado. Pongámoslos en la lista... pero ¡ojo! No necesariamente a todos. Porque tenderemos fácilmente a invitarlos por grupos (el ejemplo típico son los parientes de un determinado grado), y si lo hacemos así nos equivocaremos, ya que se nos colarán invitados que no nos apetecerá nada que estén.

Estamos eligiendo nuestras relaciones.

Quien esté en la lista ha de estar porque así lo queremos, no porque le toque estar. Y queremos invitados con quienes nos sintamos bien, no con los que tengamos que quedar bien.

> Mi hija cumplió dieciocho años. Le organizamos una cena sorpresa a la que invitamos secretamente a sus mejores amigas. Y lo hicimos pensando en los distintos grupos con los que se relacionaba. Las amigas de baloncesto, las del colegio y las del grupo de verano. Dejamos fuera a una amiga, porque en aquel momento no estaba ni en el grupo de baloncesto ni en el de la escuela. Y nos equivocamos. No formaba parte de aquellos grupos en aquel momento, pero mi hija y ella se querían y se quieren mucho. Y a la familia nos quiere mucho. En la cena la echaron de menos. Y nosotros, como padres, nos quedamos con mal sabor de boca. Solo mi hija podría haber acertado con la lista. Solo ella podía y puede valorar la intensidad de sus relaciones.

Ya que el criterio de pertenencia a un determinado grupo no nos funciona, elijamos a partir de algo más valioso: de cómo vivimos la relación.

Pensemos en cada invitado potencial y preguntémonos:

¿Qué nos transmite?

Energía positiva: entra en la lista.

Energía negativa: se queda fuera.

Y todavía podemos dar un paso más:

Pensemos en los momentos compartidos con cada invitado posible, en las experiencias vividas. Pensemos en después de esos encuentros...

¿Cómo estábamos a nivel energético?

Con más energía: son los invitados ideales.

Con menos energía (o directamente sin ella): no tienen sitio en la cena.

Al final, sean invitados que me he buscado o que la vida me ha brindado, solo vamos a invitar a casa a las personas que nos transmiten energía positiva y nos cargan las pilas.

No caben los que nos transmiten energía negativa y nos dejan con las pilas fundidas.

Estos nos arruinan la cena.

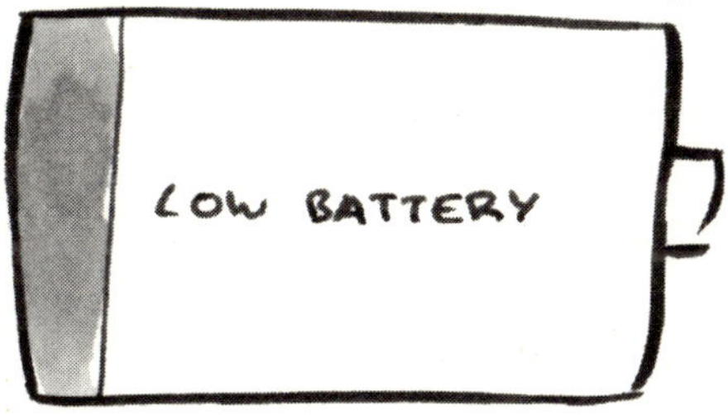

Nací en el seno de una gran familia. En Navidad todos nos reuníamos alrededor de la mesa de mis abuelos (en los últimos años, no era ya una sola mesa, porque no cabíamos). Esperábamos ese día con impaciencia. Podríamos discutir si el cien por cien de los presentes estábamos bien los unos con los otros, pero de lo que no hay duda es de que no estábamos mal. Y entre nuestros padres, más allá de las relaciones de parentesco, se daba una verdadera amistad. Estábamos juntos porque éramos familia, sí; pero si conservo un entrañable recuerdo de aquellos encuentros fue porque, además de ser familia, estábamos bien juntos. Mi abuela dedicó mucha energía a que así fuera, y ese es sin duda su gran legado y por lo que después de más de treinta años todos —sin excepción— seguimos recordándola.

Redactemos la primera lista. Con nombres y apellidos. Concreta. Y cerrarla no será tan fácil. La gran dificultad va a ser en la elección. Seamos realistas: hay personas que pensamos que deberían estar en esa cena, pero en realidad no estamos teniendo este tipo de relación con ellas. Hace siglos que no hablamos. Años que no nos vemos. Son un entrañable recuerdo, y es posible que vuelvan a estar en la lista, pero hoy, en este preciso instante, se caen de ella.

La cena en el restaurante

Si vamos con determinados invitados al restaurante es porque es un escenario más seguro, menos comprometido. Y en el que caben más comensales.

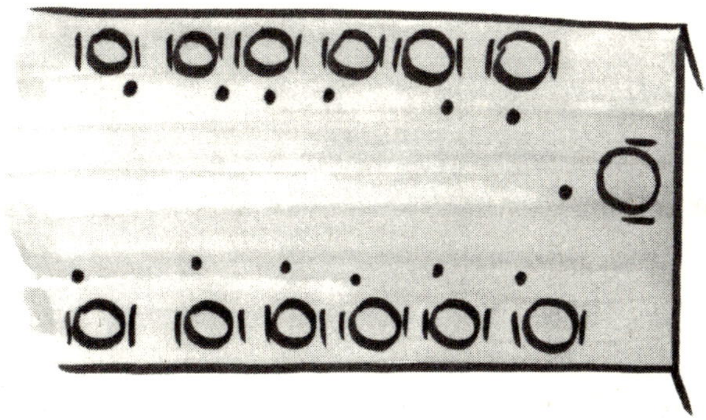

El restaurante es para las personas con las que estoy construyendo mi relación.

Invitamos al restaurante a personas con quienes no tenemos una confianza muy grande, quizá porque no nos vemos tanto o porque no hemos profundizado tanto en la relación.

E invitamos también a las personas que estamos tanteando como relación.

Personas a quienes estamos acercándonos.

Personas con quienes intuimos que nos caeremos bien y con las que nos entenderemos, aunque aún no lo sabemos.

Será una cena donde no nos la jugamos, porque ni es nuestra casa (no estamos exponiendo nuestra intimidad), ni cocinamos nosotros.

Y que puede ser el principio mágico de algo o el previsible final de nada.

> Al acabar un curso en el que se había generado una química especial, fuimos a cenar cerca de donde se había impartido. Una terraza agradable, una vista espectacular. Y la expectativa creada por el hecho de haber conocido a personas muy especiales. Fueron dos horas reveladoras: con alguno de los participantes hemos entablado una sincera amistad, que todavía hoy sigue muy viva. Hubo otros que nos horrorizó conocer en su salsa. Y no pasa nada, porque no estoy diciendo que horroricen, digo que nos horrorizaron a nosotros, por cómo somos. Pero la posibilidad de construir una amistad sólida no se entreveía. *Nice try*, como dicen los americanos. Bonito intento.

La cena en el restaurante tiene la magia de la expectativa:

¿Será la persona como estamos imaginándonosla?

¿Se confirmará o se desmentirá nuestra intuición?

O en el caso de relaciones antiguas... ¿qué experimentaremos tras no habernos visto durante tanto tiempo?

Si los buscamos, encontraremos restaurantes con mesas muy grandes. La lista de invitados puede ser más larga, aunque no inacabable.

Esta cena es en el fondo nuestra cantera de relaciones. Pero no nos pasemos. No dejemos que nos desborde o que se nos cuelen un montón de contactos sin sentido. Sin que sea una norma: en la treintena estaremos muy cómodos si queremos relacionarnos con todos ellos.

¿A quién meteremos en la lista?

A amigos de varios ámbitos (amigos no especialmente cercanos, ex del colegio, ex del trabajo, el grupo de padres de la escuela...) y a contactos especiales, buscados o casuales, que prometen una relación sólida.

Incluiremos en esta lista a personas de relación esporádica, personas con las que nunca hemos llegado a tal confianza como para abrirles las puertas de casa, pero con las que nos une algo valioso y estamos bien. Invitémoslas, siempre que sigamos teniendo la percepción de valor en los encuentros (a la tercera cena insulsa, dejémoslo correr).

Y meteremos también las relaciones nuevas, personas interesantes que la vida ha cruzado en nuestro camino. Personas que nos han despertado la curiosidad y el interés, y a las que queremos conocer. Deseamos explorar el potencial de relación que podemos tener. Son una gran fuente de energía en nuestra vida y nos brindan un maravilloso potencial de crecimiento como personas. Estemos con los ojos bien abiertos a fin de localizarlas. Y de invitarlas. Y sepamos también quitarlas de la lista si nos damos cuenta de que nos hemos equivocado.

> Llegué a la presentación de uno de mis libros una buena media hora antes de lo programado (soy obsesivo con el tiempo), como siempre. Fui al bar a tomarme una infusión. Se me acercó una mujer, que me había leído. Se presentó y luego me presentó a sus dos amigas. Sus rostros lo decían todo. Una mezcla perfecta de serenidad, inteligencia, diversión... Todo me indicaba que estaba delante de unas personas maravillosas y que no podía desperdiciar la ocasión. Charlamos unos minutos y quedamos para hablar más. Nos hemos hecho amigos, muy amigos, y han resultado ser unas personas tan maravillosas como prometían. Además de generosas y fascinantes. Cada encuentro con ellas es una lección vital. Ahora son ya invitadas de cena en casa, aunque físicamente a casa nunca vienen porque les queda demasiado lejos. Y siempre que nos vemos pienso: ¿qué me habría perdido si no hubiera tenido los ojos abiertos?

Al confeccionar la lista, no nos olvidemos del criterio de la energía. Porque también sirve en esta cena. Puede que no nos resulte siempre tan claro, porque no tenemos tanta relación. Por tanto, podemos equivocarnos más fácilmente. Pero en cuanto veamos que algún invitado resta energía... **tachémoslo de la lista.** Sacrificaremos a un invitado, pero salvaremos la próxima cena.

Redactemos la segunda lista de invitados. Será seguramente la que más tiempo nos ocupe (por ser más larga y heterogénea), pero que nos quede claro que no es la más comprometida. Asegurémonos solo de una cosa: que no metemos en ella a inútiles y muchas veces absorbentes contactos. **Perderemos tiempo. Y energía.** Y eso lo pagarán nuestras relaciones más valiosas.

La cena en la cocina de casa

Si ya no todo el mundo entra en casa, menos personas aún lo harán en la cocina.

Invitamos a nuestra cocina **solo a las personas que forman parte nuclear de nuestra vida.**

La cena en la cocina es para las personas con las que vivo y convivo.

Personas que pueden ver los platos sucios amontonados en la pila.

O los cacharros sin fregar.

O que pueden criticar lo que estamos cocinando.

Personas con quienes tenemos toda la confianza del mundo.

Y con las que no hacen falta cumplidos.

Hace ya muchos años, un verano me planté en casa de un amigo. Sin avisar, siguiendo un puro impulso. Es una persona conocida, y está quemada porque la gente se le engancha por intereses (no era mi caso, lo aseguro; a mí no me interesa en absoluto, solo me cae bien). Me recibió con sorpresa y con cierta cautela. Estuvimos charlando un buen rato y se nos hizo la hora de cenar. Y tras considerar la posibilidad de cenar fuera (lo descartamos porque era tarde y por lo llenos que estaban los restaurantes en aquellas fechas), acabamos cocinando unos espaguetis en su cocina. Hablamos bastante, al menos bastante más de lo habitual. Y estuvimos a gusto. Al marcharme me dijo: «Lo que más me gusta de ti es que eres de los únicos a quienes puedo proponer preparar unos espaguetis en la cocina de casa». Para mí fue un regalo. No estoy en esa lista de invitados, lógicamente, pero su comentario me demuestra que estuve bastante cerca.

Será una cena informal, sin velas ni copas ni manteles de hilo.

Pero que abrirá espacios de relación privilegiados.

Espacios en que podremos ser auténticos al cien por cien.

Y compartir nuestra vida y nuestra intimidad sin restricciones.

Pero las mesas de la cocina son siempre muy pequeñas y en ellas caben muy pocos. ¿Media docena? La lista de invitados a esta cena ha de ser necesariamente muy, muy corta.

¿Quién tiene plato en esta cena?

Habrá tantos casos distintos como distintas realidades vitales. Pero es natural que estén los miembros más directos de nuestra familia: pareja, hijos, padres… y las personas a quienes, por lo que sea, sintamos más cercanas.

Incluiremos en la lista a los que cenan a diario: son las personas que en estos momentos ocupan un lugar privilegiado en mi vida. Los de ahora. A los que debería prestar más atención. Y sin embargo casi siempre son los mayores perjudicados por las listas de invitados demasiado largas en las otras cenas, o por la atención desmesurada que prestamos a los contactos. Son las personas más importantes en nuestra vida. Valdrá la pena que esta lista la redactemos con cuidado y la tengamos muy, muy presente.

Y estarán también los que siempre tendrán un plato en la mesa: son aquellos que por confianza, cariño o por lo que sea, serían bienvenidos a nuestra mesa siempre. Son los que estuvieron (los padres en el caso de parejas con niños, por ejemplo) y se han ganado el derecho a perpetuidad (no están a diario porque no conviven con nosotros) o los que en un determinado momento están tan cerca de nosotros que les damos derecho a circular libremente por toda la casa. Son también muy importantes para nosotros. Asegurémonos de que ellos también lo tienen claro. De que se sienten invitados en todo momento. Porque a muchos les debemos mucho y porque cuando ya no están los echamos terriblemente de menos. Y es demasiado tarde para invitarlos de nuevo.

Mi primera hija nació el 4 de noviembre de 1997, a las siete de la mañana, tras una larguísima noche de parto. Yo creía que estaba preparado (tuve nueve meses para mentalizarme), pero no lo estaba en absoluto. En aquel instante, mi esquema mental dio un vuelco. Mis prioridades cambiaron. También —y de golpe— mi lista de invitados. Aquel nuevo ser era demasiado importante para mí, e irrumpía en mi vida para darle la vuelta por completo. En la mesa de la cocina necesitábamos estar los tres (mi hija, su madre y yo) y solo los tres. Al menos por un tiempo.

Mi padre falleció el 27 de abril de 2005 de muerte súbita. Había estado en casa la noche anterior, como hacía muchas veces que se encontraba en la ciudad (vivía en Menorca), pero no se quedó a cenar, y al día siguiente había muerto. También en aquel instante descubrí que tenía derecho a un plato en la cocina siempre que quisiera. Siempre. Sin restricciones. Que aun viviendo tan lejos jamás había salido de esa lista de invitados. Aunque no estoy seguro de que ni él ni yo lo supiéramos con tanta claridad (y eso me entristece).

Aunque parezca extraño, también en esta lista hay que aplicar el criterio de la energía. No queremos incluir a personas que nos la vampirizan. Pero veremos qué hacer con ellas, porque en este caso no se trata de eliminarlas. Sencillamente no podríamos.

Redactemos la tercera lista. Y podemos preguntarnos: ¿están todos los que queremos? ¿Sobra o falta alguien? Y la cuestión más importante: los nombres que he escrito, ¿están porque les toca o porque quiero que estén? Si es porque les toca, la cena se me hará larga. Si están porque quiero que estén, disfrutaremos de grandes cenas.

Y ya hablaremos de ello, pero en una razonable proporción de días hay que cenar en la cocina, con ellos. Cuando cenamos demasiadas veces fuera, cuando los contactos y compromisos sin sentido se nos comen las veladas, perdemos oportunidades de estar con quienes más queremos que ya no se recuperan. Nos conectamos con muchos, pero nos desconectamos de los más importantes.

Tenemos las tres listas. Las tres cenas. Son nuestros invitados. Al final, sumados, pueden dar un cifra de unas cincuenta relaciones, cifra que sin duda variará según las personas y es de difícil predicción.

No importa si suman menos (a no ser que notemos que nos falta algo).

Vigilemos si suman mucho más (no podremos gestionarlo).

Y estemos atentos a que todos, todos los nombres de las listas, hayan pasado el filtro de la energía.

Un invitado que nos aporta energía negativa tiene el peso de muchos de los que nos la aportan positiva. Y, además, la negatividad se contagia. Uno solo, si se nos cuela, nos arruina la cena.

Algo esencial: las tres listas son de hoy. Tienen fecha y hora. No son las listas. Son las listas de este momento de mi vida. Han de tener tachones. Permanentemente. Porque mis listas de invitados cambian sin cesar, igual que yo mismo a lo largo de mi vida.

Y ¿qué hacemos con los que se han quedado fuera?

No estamos despreciándolos, ni borrándolos del mapa, tan solo estamos decidiendo que no vamos a dedicarles el tiempo y la energía que emplearemos con los que sí están en las listas.

Y precisamente eso, y solo eso, es lo que tenemos que hacer: dejar de dedicarles tiempo y energía. Porque si no lo hacemos, y con plena consciencia, el ejercicio de elegir a nuestros invitados habrá sido inútil.

Y ¿de dónde sacamos la fuerza para llevarlo a cabo? Sin duda de la conciencia del coste de oportunidad.

Estar una hora de más con alguien de fuera de las listas supone pasar una hora menos con los de dentro.

Un café de más por compromiso es un café de menos con un amigo (pero amigo de verdad, no de los que las redes llaman «amigos») al que hace tiempo que no vemos y que tenemos muchísimas ganas de ver. Así de crudo. Así de sencillo.

Y tengamos claro también que algunos pueden volver. Han saltado de la lista hoy (por nuestra etapa vital, por circunstancias), pero pueden volver en cualquier instante. Y regalarnos de nuevo momentos mágicos.

Desde que yo tenía diez años, pasábamos los veranos juntos en un pequeño pueblo de Menorca. Capitaneadas por mi padre, tres familias convivíamos en la misma planta de un modesto hotelito. Lo hacíamos todo juntos: playa, comidas, visitas culturales (una obsesión de una de las madres y un martirio a mis doce años) y así fue durante unos quince años. Más tarde, dos de las familias seguimos yendo a Menorca, pero en épocas distintas y ya no en grupo. Y dejamos de vernos. Pasados veinte años, me reencontré con una de las hijas de la otra familia, junto con nuestras respectivas parejas. En Menorca, pero también en Barcelona, y por afinidades que van más allá de la playa y el verano. La generosidad de esta amiga y su pareja y su extraordinario carácter han contribuido decisivamente a ello, al punto de que hoy en día pasamos muchas veladas juntos, entre ellas la de fin de año. Una amistad que ha vuelto; que nunca forzamos, pero que la vida nos la ha regalado de vuelta.

Quitar a una persona de nuestras listas de invitados **no supone dejar de quererla, ni nada semejante.** No supone en absoluto renunciar a la complicidad tejida en su momento, ni al cariño o la estima. Supone solo darnos cuenta de que, por el momento que estamos viviendo, tenemos que priorizar otras relaciones. Debemos asegurarnos de que **por intentar atenderlo todo no desatendemos a los más importantes**, que es lo que casi siempre acaba sucediendo.

Incorporando nuevas relaciones

Nuestra vida cambia. Nuestras circunstancias cambian. Y nuestras listas de invitados pueden necesitar un cambio. De lo contrario, nuestro entorno relacional se nos quedaría pequeño o no encajaría con nuestra etapa vital. Los cambios son bienvenidos y necesarios. Pero también es cierto que algunos —los que no esperamos o no buscamos— pueden dejarnos fuera de combate en un momento dado. Cuando hay cambios, tal vez haya que haber búsqueda. Incorporación de nuevas relaciones. Esta es la historia.

Cambios naturales

Cuando nace nuestro primer hijo, nuestras relaciones cambian.

Cuando cambiamos de trabajo, nuestras relaciones cambian.

Cuando nos jubilamos, nuestras relaciones cambian.

Cuando pasamos de una etapa vital a otra, es lógico que a algunos de nuestros invitados no les interese nuestro nuevo mundo, de igual modo que a nosotros puede dejar de interesarnos el suyo. Cada cambio vital implicará dejar algunas relaciones y quizá incorporar nuevas. Acabar —por ejemplo— los estudios en la universidad con toda probabilidad implicará que muchos de los compañeros de clase dejen de ser nuestros invitados; solo un par se quedará en la lista. Y que busquemos (tal vez activamente) nuevas relaciones en nuestro primer trabajo.

Solíamos salir muchos fines de semana juntos. De forma improvisada. Dos parejas sin hijos, libertad absoluta. Nos limitábamos a sugerir un lugar que nos apeteciera, y no solíamos tener dificultades en encontrar un hotelito donde alojarnos. Hasta que nació nuestra primera hija. Aparte de dejarnos en el dique seco de las salidas durante unos cuantos meses, el plan de excursiones improvisadas se volvió sencillamente inviable. Con la pareja en cuestión la relación se enfrió porque habíamos perdido el espacio natural de encuentro. Nos veíamos en alguna cena, pero ya estábamos en mundos distintos. Pasados quince años, ellos tuvieron su primer hijo, mientras que nosotros ya hacíamos planes con hijos bastante mayores. De nuevo estábamos en mundos diferentes. Tenemos un excelente recuerdo de nuestra época juntos; quizá la vida vuelva a juntarnos. Si ocurre será fantástico; pero, si no, no pasa nada. Nuestra oportunidad pasa por la sincronía de nuestras circunstancias, no solo por la voluntad de estar juntos.

Cambios no buscados

Cuando perdemos a un ser querido estamos tristes.

Y con una sensación de vacío.

Y nos desestabilizamos emocionalmente.

En especial, si perdemos a un invitado de la cena en la cocina. De nuestro núcleo central de relaciones.

Si eso nos ocurre, tal vez necesitemos refuerzos por un tiempo. Podemos conseguirlos de fuera, pero casi siempre los conseguiremos de dentro. De otras relaciones. Quizá necesitemos que algún invitado de la cena en casa, por ejemplo, se incorpore por un tiempo a la de la cocina, para ocupar ese sitio vacío y suplir esa energía perdida.

> Mi amiga perdió a su madre, tras una larga enfermedad y tras una etapa de maravillosa complicidad en la que, sabiéndose enferma, quiso compartir profundísimas conversaciones con su hija. Y en la cocina de mi amiga no había más invitados. Separada y sin hijos, las cenas en la cocina solían ser madre e hija mano a mano. Tras la muerte de la madre, una pareja de amigos salió en rescate de mi amiga. Le abrieron las puertas de su casa, la cuidaron y se dedicaron a ella en cuerpo y alma. Y mi amiga sintió mucha de la energía que sentía con su madre. Eso hizo que remontara y la ayudó a construirse un nuevo mundo de relaciones. Hoy tiene nuevos invitados a cenar en la cocina y una lista de invitados para cenar en casa que la llenan por completo.

Ante cambios inesperados, tomemos conciencia de la nueva situación y busquemos un nuevo equilibrio; y en el camino, **sepamos pedir ayuda y dejémonos ayudar.** Rodeémonos de los invitados que pueden hacerlo. Estén en la lista en que estén. Hagamos los movimientos que nos sean necesarios. Es cierto que, pasado un tiempo, seguramente esos invitados vuelvan de nuevo a su lista natural; **no estarán en la cena en la cocina para siempre.** Y también es cierto que no todo el mundo lo llevará bien (una vez conquistada una posición, no es fácil volver a la anterior). Pero si están ayudándonos de verdad, lo entenderán y se retirarán a tiempo. Si no lo hacen es porque no han entendido lo que necesitábamos.

Y ¿de dónde pueden surgir nuestras nuevas relaciones?

La vida suele regalarnos mil ocasiones para conocer gente. Pero hay momentos en los que hay que buscar de forma intencionada algunas relaciones. Salir activamente a por ellas. Porque la vida quizá nos las ponga en el camino, pero siempre que estemos en el camino, o sea, caminando, y no encerrados en casa esperando a que llamen a nuestra puerta.

Será fundamental tener siempre los ojos bien abiertos, conectar con personas potencialmente interesantes y, sobre todo, ser sensibles a sincronías, que se producen sin cesar.

El azar (o el destino) nos brinda maravillosas oportunidades, hace que nos crucemos con gente fascinante: solo tenemos que estar bien alerta.

A veces las relaciones nuevas hay que trabajarlas. Ir a sitios a los que no nos apetece. Esforzarnos por conocer a gente. Participar en conversaciones en vez de perdernos contemplando el paisaje. Quedarnos una hora más en un evento. Pero el resultado siempre supera el esfuerzo. Una buena relación merece unas cuantas horas perdidas de sueño. Igual que hay que saber cuándo uno está de más en una fiesta, también hay que saber buscar las fiestas.

> De joven decidí dar un giro a mi entorno personal. Tenía un grupo de amigos en un pueblo donde pasaba los fines de semana que me amargaba la vida. Me propuse conocer a gente de entornos nuevos. Y para ello me dediqué metódicamente a explorar lugares donde podía encontrar a otras personas. Salía de ruta. Me presentaba en los bares típicos de la época, controlaba las horas a las que acudía la gente que más o menos conocía, e intentaba provocar encuentros. Abrirme. En muchos casos no funcionó. (Tengo un buen historial de cervezas tomadas en solitario acodado en la barra.) En otros, sí. Y conseguí salir de mi círculo anterior. Y lo mejor de todo: esa gimnasia me dejó entrenado para siempre.

La clave en la búsqueda de nuevas relaciones es tener cero expectativas sobre ellas (era la frase de cabecera de nuestro maestro: cuando hay expectativas, hay decepciones). Estamos invitando. El otro tendrá siempre —y así ha de sentirlo— la libertad de aceptar o no nuestra invitación. Y si no la acepta, eso no ha de desanimarnos a la hora de buscar a otros invitados.

Un apunte final: Yo como invitado

Igual que tengo mis listas de invitados, yo estoy incluido —seguro— en las de muchas personas. Probablemente a partir de una base muy coincidente (suelo ser invitado de muchos de mis invitados). Y no necesariamente al cien por cien.

Visto lo visto hasta ahora, si he tenido en cuenta algunas consideraciones respecto a mis invitados, puedo tenerlas en cuenta cuando pienso en mí mismo como invitado de los demás:

¿Irradio energía o la absorbo? Primera reflexión importante.

Si absorbemos sistemáticamente la energía de los demás —ya sea a conciencia o no—, seremos un invitado incómodo.

Todos tenemos problemas. Y todos necesitamos ventilarlos. Pero **no lo hagamos siempre,** y siempre con los mismos, **o nos tacharán de la lista.**

¿Energía positiva o negativa? Segunda reflexión importante, que está conectada con la anterior. La habilidad para aportar energía positiva es eso, una habilidad. No es algo con lo que se nace. Es una habilidad que se practica y se entrena cada vez más con el tiempo. Si somos invitados, **nuestra misión es contribuir positivamente,** no arruinar las cenas de los demás. Tengámoslo muy presente.

¿Creo que los demás están bien conmigo? Tercera reflexión. Me lo dijo un amigo un día: «Yo solo quiero estar con aquellas personas que sé que están bien conmigo. Me horroriza pensar que alguien pueda estar conmigo por compromiso». Si nos invitan, tengamos claro que es evidente que nuestro anfitrión se encuentra a gusto con nosotros. **No juguemos al juego de los compromisos,** porque, una vez que entremos en él, también tendremos que corresponderlos. Y nos desbordarán —de nuevo— esos compromisos de los que tanto nos costó librarnos. Además, solo podemos estar bien con aquellos que están bien con nosotros. La energía únicamente fluye si se da el mismo sentimiento en ambas direcciones.

¿Cuántas invitaciones recibo? Se trata de una reflexión fundamental para saber si en el plano de las relaciones estoy haciendo bien las cosas o no. Me invitan mucho… buena señal. Algo hay en mí que lo propicia. Me invitan muy poco… quizá no esté dándome cuenta y no esté siendo un invitado cómodo. Gran oportunidad de tomar conciencia de ello. Gran oportunidad de crecimiento.

Cuidar

Ya tenemos nuestras listas de invitados. Son los invitados a nuestra vida. Nuestras relaciones más preciadas. Las personas a las que queremos dedicar nuestro tiempo y nuestra energía. Sabemos quiénes son, quién está en cada lista, y sabemos que están porque queremos que estén. Hemos elegido con cuidado.

Ahora, si queremos seguir ordenando nuestras relaciones, es el momento de cuidarlas. Porque si no hacemos nada con ellas, las perdemos. Las relaciones que no se cuidan, se mueren. Necesitamos pensar cómo mantenerlas vivas y activas.

Y para cuidar, lo primero que haremos es descuidar. E intensamente y a conciencia.

> Descuidar a los contactos que nos roban toneladas de tiempo.
>
> Descuidar los compromisos inútiles que no sabemos por qué aceptamos.

Descuidar a las supuestas amistades que en realidad no están guiadas más que por el interés.

Y descuidar las relaciones que hoy por hoy no forman parte de nuestras listas de invitados.

Si no sacamos tiempo de todo esto, difícilmente cuidaremos a nuestras verdaderas amistades. Y si hemos llevado a cabo todo el proceso de elegir a nuestros invitados, ha de ser para dejar de dedicar nuestra atención a quienes no lo son. No hay más. Si no lo hacemos así, volveremos a las rutinas de siempre, y el ejercicio de elegir habrá sido inútil.

¿Cómo descuidamos?

Hay contactos que lógicamente no están en nuestras listas de invitados y, sin embargo, necesitamos mantenerlos. Por razones profesionales. Incluso por estrategia social. Pues dediquémosles solo tiempo profesional, no personal. El tiempo personal únicamente puede ser para nuestros invitados.

Por tanto, para descuidar, empecemos dejando de dedicar tiempo personal —y energía— a los contactos que no sean personales. No necesitamos hacer nada más, solo no dedicarles nuestro tiempo personal.

Habíamos planeado una bonita excursión a lo largo de la costa norte de Menorca. Un par de horas. Con un tiempo magnífico. Éramos un grupo de amigos que no nos veíamos desde hacía tiempo. Salimos, empezamos a caminar y me sonó el móvil. No reconocí el número, pero atendí la llamada. Era de trabajo, aunque ni era urgente ni tenía particular interés para mí. Pero estuve casi cuarenta minutos hablando. Me perdí las conversaciones de mis amigos. Me perdí el paisaje. Perdí toda conciencia de la belleza de la excursión. Mi cabeza estaba a cientos de kilómetros de allí. Cuando colgué, me miraban mal. Yo hubiera hecho lo mismo. ¿Tan difícil es mantener espacios privados en este mundo permanentemente conectado? Para mí sí lo ha sido, y no por poco tiempo.

Con las relaciones que han salido de nuestras listas de invitados, lo que tenemos que hacer es darles las gracias y aparcarlas. Nada más. Porque quizá vuelvan a tener su momento, pero hoy por hoy debemos enfriarlas. Si nos debatimos entre dos posibles actividades, en el mismo día y a la misma hora, elijamos la de un invitado actual. Es lo sensato. Y para no encontrarnos atrapados de antemano, vayamos con sumo cuidado para no aceptar, aun cuando en ese momento nuestra agenda esté vacía, compromisos con personas que no están en nuestras listas. Porque cancelarlos luego será más complicado.

Y todo esto tiene algunas implicaciones prácticas.

Por ejemplo:

> Salir de los grupos de wasap que ya no tienen sentido.
>
> Salir de las listas de convocatoria de grupos a los que ya no quiero pertenecer.
>
> Salir de los listados de *mailing* de las organizaciones en las que ya no quiero estar.

Y ¿cómo se hace? (en especial de los grupos de wasap, donde aparece ese mensaje tan desagradable que dice que tal persona «ha salido del grupo»). Pues despidiéndose. Con un mensaje final y posterior salida inmediata del grupo. La primera vez cuesta. La segunda, menos. Y si es un acto consciente, que se engloba en el contexto de estar ordenando mis relaciones, la tercera vez ya no cuesta nada.

Creamos el grupo de wasap para organizar una cena. Y en esa misma cena alguien decidió —y me temo que influyó en ello que hubiera varias botellas de un interesante vino del Priorato— que teníamos que mantenerlo. Éramos muchos: unos treinta en la cena y más de cincuenta en la lista. Durante dos años el grupo ha estado activo. Con todo tipo de mensajes, desde felicitaciones a cadenas solidarias, pasando por algunos importantes y útiles como una boda y un par de nacimientos de hijos. Yo salí del grupo en un momento dado. Entonces por mi cuenta de wasap particular me llovieron los requerimientos de explicaciones. «¿Te has enfadado por algo?» «¿Qué mosca te ha picado?» Como no había motivo, volvieron a meterme (el administrador es tozudo). Ahora parece que se ha muerto —los mensajes son mínimos— y estoy pendiente de proponer la disolución. Cae —¡por fin!— por su propio peso.

Seamos más cautos al aceptar actividades y citas (¡solo de nuestros invitados!) y dejemos de atender a los contactos las veinticuatro horas del día. Si somos capaces de empezar a **blindar nuestro tiempo personal** para dedicárselo a nuestros invitados, podremos comenzar a pensar que seremos capaces de cuidarlos.

Y ahora sí: **si hemos descuidado lo suficiente**, podemos empezar a cuidar.

Pero a la hora de pensar en cómo cuidar de nuestras relaciones, hay un problema de base:

Hacer no es lo mismo que pensar.

Y esta es la clave, sin lugar a dudas: cuando pensamos en una relación, pensamos inmediatamente en lo que haríamos. En una salida, en una cena, incluso en un simple wasap o una llamada... Y muchas veces lo que hacemos es no hacer nada. Lo pensamos, pero no lo hacemos. La paradoja es que al haberlo pensado, para nuestro cerebro es como si hubiera ocurrido (esta es una curiosa peculiaridad del cerebro):

Nuestro cerebro no distingue entre algo que ha ocurrido o algo que hemos imaginado que ocurría.

Así, cuando nos dicen: «Es que hace dos años que no nos vemos», nuestra reacción inmediata es «Imposible, no puede hacer tanto». Pues sí. Porque lo que no hace tanto tiempo que hemos hecho es pensar en esa persona. Pero sí hace mucho que no nos hemos visto.

Es importante pensar en hacer, pero, sobre todo, es importante hacer. De lo contrario, nos engañamos. Y sin ser ni mínimamente conscientes de ello, vamos enfriando las relaciones.

> Estuve intercambiando algunos correos con una amiga. Me proponía quedar para compartir algunas ideas de trabajo. En uno de los correos me escribió: «¿Eres de esas personas que tienden a no concretar las cosas? Lo digo por aquello de "Sin duda quedaremos un día" —que es lo que yo le había escrito— que me suena a "A ver si el destino nos vuelve a reunir". ¿Realmente quieres que quedemos?». Me quedé de piedra. Ya no por ella ni por esa cita, sino por los centenares de correos míos que podían haber sonado así y por darme cuenta de que algunos de ellos podían haber llegado a mis invitados, a personas que considero importantes en mi vida.

Para cuidar las relaciones necesitamos hacer dos cosas:

Dedicar tiempo.

Dedicarlo con sentido.

Y estas dos cosas no solo hay que pensarlas, sino también hacerlas.

Hay que sistematizar y organizar lo que hacemos con nuestras relaciones. Dejar de hacer las cosas simplemente cuando surgen —desde luego, cuando surgen es maravilloso, pero no siempre suficiente—. Necesitamos ser metódicos. Porque las sensaciones nos engañan y muchas relaciones **las cuidamos mucho peor de lo que creemos.**

Nos conocimos en el último año de carrera. Ella es francesa, y vino a Barcelona a hacer el último trimestre del curso. La contraté como profesora de francés (yo tenía una buena base, pero se había oxidado con el tiempo y quería refrescarla). Y nos hicimos buenos amigos. Nos escribíamos regularmente (cartas tradicionales en la época, lo que en verdad tiene mérito) y fui a visitarla a París un par de veces. Me invitó a su boda y no solo eso: me nombró padrino de su segundo hijo. El día del bautizo, un familiar suyo me dijo: «Creo que es un error que te haya hecho padrino, porque no podrás cumplir tu compromiso». Pensé que se equivocaba, que no me conocía. Yo sería un buen padrino. Pero lo cierto es que más allá de pensarlo, jamás hice un plan realista para serlo. Por el camino me casé, y no fueron pocas las veces en que planeamos viajar a París. Pero en una docena de años solo fuimos dos veces. Mi ahijado me conoce de milagro. Aquel familiar tenía toda la razón. Mis intenciones eran buenas, pero no supe cuidar de la relación.

Así pues… ¿cómo organizamos el hecho de cuidar de las relaciones de verdad, más allá de las buenas intenciones y del pensamiento?

¿Cómo lo hacemos?

La respuesta muy fácil: con una agenda.

Pero no una agenda al uso, sino una agenda especial.

Que no esté organizada por fechas.

Que esté organizada por invitados.

Una agenda que registre: ¿qué hago a lo largo del año con cada uno de mis invitados?

Es sencillo: se trata de coger una agenda con índice alfabético (como las viejas agendas de teléfonos) y anotar en la página que corresponda el nombre de cada invitado y todo lo que vamos haciendo con esa persona a lo largo del tiempo. Así obtendremos un registro de nuestra actividad con cada uno de ellos. Un registro auténtico, real, sin fantasías, que plasmará qué estamos haciendo de verdad con cada invitado.

Mi madre —grandísima cocinera y persona muy sociable— organizaba muchas cenas en casa. Y llevaba una agenda donde anotaba la fecha, los invitados y el menú de cada cena. Lo hacía porque no quería repetir menú en la siguiente invitación, pero el valor de aquella agenda —como hemos visto con los años— era que se podía rastrear todas las cenas que había organizado. Esa agenda tiene un valor incalculable para conocer la actividad social de mis padres. Procesando aquellos datos podíamos saber quién y con qué frecuencia venía a casa. Quiénes fueron sus invitados en cada etapa de su vida. Y cómo los cuidaba de verdad. Además, es cierto, puede constatarse las deliciosas recetas que les preparaba.

Una página, un invitado. Esta es la propuesta.

Con su nombre en orden alfabético.

Y el registro de todo lo que hemos hecho juntos (fecha, actividad y algún detalle de especial relevancia).

Y un color por lista.

Un color para los invitados a la cena en casa.

Otro para los invitados al restaurante.

Y un tercero para los invitados a cenar en la cocina.

Así, cuando repasemos la agenda, tendremos claro de qué tipo de invitado se trata y podremos valorar lo que estamos haciendo con ella/él, que variará según la lista a la que pertenezca.

Con esta agenda empezaremos a ser objetivos respecto a lo que de verdad estamos haciendo o no para cuidar de nuestras relaciones. Y saldremos de la trampa de nuestro cerebro, que nos lleva a pensar que hemos hecho cosas con una frecuencia muy distinta a la real.

Un vistazo a la agenda nos dará todas las pistas. Sabremos qué es lo último que hicimos con cada uno de los invitados y cuánto hace de ello. Nos sonrojaremos en algunos casos, pero en otros estaremos orgullosos. Y nos daremos cuenta de lo efectivos que somos —si lo somos— cuidando de nuestras relaciones. Podremos respondernos a una pregunta importante:

¿Cuidamos de nuestras relaciones de forma proporcional a lo importantes que son para nosotros?

Además, así daremos prioridad a cosas que podemos hacer con invitados a los que tenemos abandonados y «nos pondremos las pilas» en etapas apáticas con nuestras relaciones. Y sobre todo conseguiremos programar con sentido.

Esta es una agenda que no hace falta crear de golpe. Comprémosla y anotemos los nombres de nuestros invitados; solo eso. Con los tres colores. Y a medida que vayamos haciendo cosas con nuestras relaciones, iremos llenándola. Y en el plazo de un año tendremos una foto precisa de cómo estamos gestionándolo. Podremos ver quiénes, en un año, ni siquiera han estrenado su página. Y a lo mejor nos damos cuenta de que algunos invitados en verdad no lo son. Que arrancaríamos algunas páginas. O que tenemos que implicarnos más, si queremos mantenerlos a todos.

Insistimos: empezaremos a tener una visión clara de cómo cuidamos a nuestros invitados, más allá de lo que podamos pensar o en muchos casos imaginar.

Y para llenar esta agenda, para cuidar de nuestros invitados (o para que sigan sintiéndose como tales), ¿qué podemos hacer?

Cada lista de invitados es distinta. Porque el nivel de confianza es diferente. Lo que podemos, queremos o tenemos que hacer con los invitados a cada cena es distinto.

Estas son algunas iniciativas que ayudan. Que no nos servirán para todos los invitados, pero sí para algunos.

Que pueden inspirar muchas otras.

Que en muchos casos estamos saltándonoslas.

Que nos ayudarán a que nuestros invitados se sientan queridos y deseen seguir siendo nuestros invitados.

Vernos

Se trata de una obviedad, pero en realidad nos la saltamos. Y mucho más de lo que creemos. Y desde que usamos las redes, todavía es peor. Los grupos de wasaps son estupendos para mantener vivas las relaciones. Pero no lo aguantan todo, ni mucho menos. No podemos dar a las redes el papel de soportar el peso de la relación.

Las relaciones funcionan de verdad cuando de vez en cuando nos vemos. Cuando de vez en cuando estamos juntos compartiendo un mismo espacio.

Esto implica programar encuentros, quizá crear algunas rutinas que nos junten periódicamente. Con la frecuencia justa: ni demasiado a menudo (porque ocuparemos un espacio vital que necesitamos para otros invitados), ni demasiado poco (pues las relaciones corren el peligro de enfriarse).

> Un grupo de amigos de la escuela nos juntamos y, tras pasar una entrañable velada, nos dispusimos a vernos todos los meses. Y como no podía ser de otra manera, unos y otros empezamos a fallar. Activamos el plan B: vernos cada trimestre, que nos pareció más realista. Funcionó... una temporada. De nuevo era difícil. Ahora nos vemos dos veces al año, en muchas ocasiones coincidiendo con el final de año y justo antes de las vacaciones de verano. Y ahora sí, funciona. Creemos haber conseguido el equilibrio perfecto (y por suerte, uno de los del grupo tiene la santa paciencia de organizarlo todo siempre). Entre cena y cena el wasap nos ayuda, pero si se nos ocurriera dejar de vernos, nuestra relación seguro que cambiaría.

Somos animales sociales y nuestro cerebro, hoy por hoy —la evolución dirá—, está diseñado para el encuentro presencial. Hay millones de mensajes que nos transmitimos solo viéndonos cara a cara, estando juntos. Es cierto, como dicen algunos expertos, que el mundo virtual ayuda a hacer más valiosos los encuentros personales. Pero estos siguen siendo... imprescindibles.

Hacer cosas juntos

Viajes. Salidas. Deporte. Visitas. Excursiones a pie. Conferencias... Organizar actividades juntos, como forma de vinculación, consolida muchas relaciones. Y propicia que nos veamos más. Si quiero ver o hablar con esa persona, sé que tendré la oportunidad en la próxima salida o en la próxima conferencia o en el próximo partido. Muchas cosas de las que hacemos pueden gustar a los demás. Se trata de proponerlo, solo eso. Implica alinear gustos y preferencias y, en algunos casos, estar dispuestos a convivir intensamente (ojo, no con todos mis invitados puedo irme al Nepal con mochila; hay iniciativas que, por quemar etapas, simplemente dinamitan las relaciones).

> Decidimos alquilar un velero durante una semana para viajar a Mallorca y navegar alrededor de la isla. Yo iba con mi pareja y un compañero del trabajo. El resto eran amigos suyos, que no todos se conocían entre sí, y yo no los conocía. La travesía fue movida (todos nos mareamos). La semana en la isla dio para mucho. Dos se liaron. Un tercero se enfadó. El patrón le tiraba los tejos a una de las del grupo, que no quería saber nada de él. Nosotros —éramos la única pareja— ocupábamos el camarote central, lo que a algunos les molestó. Ni nos enteramos. Al final solo tres hicieron la travesía de regreso. El resto nos quedamos en Mallorca, la mayoría para volver en avión. Sin co-

nocernos de nada, nos metimos ocho personas en un velero, un espacio donde puedes tener de todo menos intimidad. Un plan demasiado ambicioso. Los hechos lo probaron.

Hay quien descubre amigos en las actividades que realiza y hay quien da solidez a sus relaciones precisamente haciendo cosas juntos.

Exploremos qué tenemos en común, qué gustos compartimos, y hagamos cosas juntos. La relación se blindará.

Mantenernos al día y dejar participar en nuestra vida

Mantenernos informados permanente y mutuamente. De lo que nos ocurre, de cómo estamos, de cómo nos va. Y de lo que les ocurre, de cómo están, de cómo les va a nuestros invitados. Estar al día de nuestras respectivas vidas. Es obvio, pero no fácil. Porque implica dedicar breves momentos para comunicarnos. Y esos momentos hay que encontrarlos. Mantenernos al día es importante: cuando nos perdemos el rastro, no nos sentimos unidos. Cuando pasa algo en la vida del otro de lo que me entero tarde y por terceros, disminuye la confianza y la relación se resiente.

Y dejar que los demás participen en el núcleo de nuestra vida. Abrir las puertas a que compartan con nosotros los grandes momentos vitales. Bodas. Cumpleaños. Nacimientos. Celebraciones. O funerales. Celebrar juntos une. Llorar juntos también. Los grandes momentos vitales determinan muchas relaciones. Sentirse parte de ellos o apartados de ellos implica una gran diferencia. Una clara forma de saber cuán cercana es nuestra relación es darse cuenta de con qué celeridad nos enteramos de los eventos vitales del otro, en qué orden se nos avisa de las cosas que le ocurren al otro.

Aquí, sin duda, la tecnología nos ayuda, pero si se utiliza bien. Un grupo de wasap para compartir acontecimientos de nuestra vida es perfecto. Pero un grupo de wasap en el que además enviamos chistes, vídeos, mensajes del tipo «pásalo» y todo lo que nos llega o se nos ocurre acaba desgastando. Los grupos de wasap sin reglas son un peligro.

Es importante que dejemos que los demás participen de nuestra vida, pero algunas personas reivindican casi como un derecho el ser de los primeros en enterarse de lo que les ocurre a los demás. Y si no sucede así, se enfadan. Esto es no entender nada. Si ocurre, es que el otro valora especialmente nuestra relación (estupendo, es un motivo de orgullo).

Si no ocurre, es que el otro encuentra el apoyo en otros (reflexión valiosa, pero nunca motivo de enfado).

> Cuando murió su madre, no me enteré. Sé que algunos amigos comunes tuvieron noticia, pero a mí no me lo dijo. Cuando lo vi en el periódico, el funeral ya se había celebrado, ya era tarde. Intenté llamarlo, pero tenía el teléfono desconectado. Me entristeció no haber estado a su lado y, al mismo tiempo, reconozco que me supo fatal. Hasta que me di cuenta de que en realidad yo estaba enfadado conmigo mismo. Probablemente no había sabido cuidar de aquella relación, y la prueba es que no estaba entre los primeros a los que llamó al morir su madre. Pero es cosa mía, no suya. Él tiene todo el derecho del mundo —y más en semejante situación— a rodearse de los que quiera y con los que se sienta bien. Para mí este hecho es solo un termómetro que me indica dónde estoy en esa relación y me hace reflexionar.

Debemos tener la disciplina de compartir lo que ocurre en nuestra vida, con cierta celeridad y con todos aquellos que queramos que participen de ella.

No hay otro sistema, aunque nos asuste un poco. Y un aviso: compartir es informar (de algo que me ha ocurrido, de algo que he hecho...), pero no pretender que el mundo gire a nuestro alrededor, como algunos a menudo tienen la tentación de hacer.

Crear espacios privilegiados de relación

Cara a cara. De tú a tú. Para compartir vivencias especiales, para desahogarnos, para escucharnos mutuamente. Son espacios privados, en los que ambos estamos al cien por cien dedicados al otro. No es nada fácil. Porque implica estar dispuestos a encontrar el tiempo preciso cuando el otro lo necesita. Implica saber posponer una reunión o una cita para dar cabida a ese espacio. Y saber elegir el entorno a fin de que la comunicación fluya. En muchas relaciones ese entorno, a base de repetirlo, se convertirá en un clásico, que ya nos situará mentalmente en la complicidad que estamos buscando.

> A una de ellas, la panadería en la que se citan le pilla de camino al trabajo. A la otra, justo debajo de su casa. Una estaba pasando por una dura etapa profesional cuando empezaron a quedar allí, y la ayudaba hablarlo. Antes de empezar la jornada tomaban un café en esa panadería. Diez minutos. A lo sumo quince. Han logrado crear un espacio privilegiado de conversa-

ción que mantiene la relación en un alto nivel de complicidad. Y ambas saben que si algo las inquieta, a la mañana siguiente tendrán ocasión de ventilarlo. Llevan haciéndolo dos años largos. Y les funciona.

Crear estos espacios de relación y ser conscientes de lo necesarios que son supone un salto cualitativo esencial en cualquier relación. Se llega de forma natural a un nivel de profundidad en la comunicación envidiable y saludable. Pero requiere de valentía.

Estamos acostumbrados a cancelar un compromiso personal por un imprevisto profesional, pero no a cancelar un compromiso profesional por un imprevisto personal.

Y puede hacerse. Debe hacerse. Y la mayoría de las veces la gente lo comprende muy bien, porque también son personas.

Sorpresas

En muchas relaciones —en especial, en las muy cercanas— lo que pueda pasar por normal se da por descontado. No solo no es suficiente, sino que es un síntoma de agotamiento de la relación. Las rutinas acaban trasluciendo falta de interés o de emoción. Las sorpresas son fuente de una gran energía para estas relaciones muy cercanas. Llevan un mensaje precioso implícito: sigues interesándome mucho y he estado pensando en ti. En momentos que ni te imaginas, estabas en mi pensamiento. Y si la sorpresa es de compleja organización... he estado pensando mucho en ti. Es un gran mensaje. Las sorpresas ayudan. Y mucho. Solo una advertencia: debemos estar seguros de que son sorpresas que le gustan al otro. Yo no me tiraré jamás en paracaídas; por favor, que nadie me lo proponga, por mucha sorpresa que sea.

Son seis amigas que fueron al colegio juntas. Y ese mismo año las seis cumplían cincuenta años. Para cada una de ellas, las otras cinco prepararon algo especial. Muy especial. Con la última, el listón estaba ya altísimo, y aun así lograron sorprenderla. Dos de ellas se presentaron a las cinco de la mañana en su casa. Entraron sin llamar (tenían la llave). Tras darle un susto de muerte, la levantaron de la cama, hicieron que se vistiera y se la llevaron al aeropuerto. Allí esperaban las otras tres para embarcar rumbo a Menorca, donde una de ellas tiene una casa y adonde iban siempre juntas cuando eran jóvenes. Maleta hecha a escondidas por su pareja. Hijos colocados entre los amigos. Todo perfectamente preparado, sin que ella sospechara nada. Una gran sorpresa. Una enorme muestra de cariño.

«Nunca subestimes el poder de la sopa», reza el eslogan de una marca de sopas americana. Con mayor razón:

Nunca subestimes el poder de una sorpresa.

Y especialmente en el contexto de una relación madura y querida. Aunque puede surgir un problema: sorprender es cada vez más difícil en un contexto de continuas sorpresas.

Detalles

«Dios está en los detalles», dicen. Y los detalles son fundamentales en las relaciones. Porque implican que uno está siempre en el pensamiento del otro. Y esto es mágico. O planteémoslo al revés: cuando se pierden los detalles, empieza a perderse la relación. Cuando sentimos que ya no necesitamos trabajárnosla, estamos empezando a dejarla escapar.

Sé que a una persona a la que quiero le gustan las tazas de desayuno. Si estoy en Nueva York de viaje, le compro una. Y no porque lo tenga anotado en una lista, sino porque cuando veo una taza en una tienda, quizá por pura casualidad, **pienso en esa persona.** Porque en el fondo la tengo presente todo el tiempo. En un rinconcito de la cabeza, pero la tengo.

> Me lo presentaron como el coordinador de eventos de un colegio profesional al que yo pertenecía. Me acompañaría en una serie de conferencias que yo iba a dar para esa asociación. Conectamos enseguida, y se convirtió en mi colaborador. Es un detallista nato. Controla fechas, eventos, gustos... Sabe que me gustan los dulces de un convento que conoce y, cuando va, hace que se los preparen y me los trae. Y este es solo un ejemplo de miles. Siempre tiene un detalle y siempre absolutamente personalizado. Nunca falla (aunque yo casi siempre fallo con él). No acostumbra decir las cosas a la cara, pero sus detalles hablan más alto y más claro que nada de lo que pudiera decir. Por esos detalles sé que me aprecia. Y también por los mismos detalles sé que siempre contará con mi aprecio.

Paso a paso se recorren grandes distancias. **Detalle a detalle se tejen grandes relaciones.** Y la mala o buena noticia (depende de los ojos que la lean): es para toda la vida. Siempre, absolutamente siempre, en una buena relación tienen que brillar los detalles.

Reír

Dicen que alarga la vida, y me lo creo. Y si es así, con quién compartirla mejor que con mis invitados. Si vamos a vivir más, que sea con ellos, de modo que riamos y hagámoslos reír.

A veces, algunas relaciones —especialmente las íntimas— son el espacio donde nos descargamos de frustraciones, mal humor y palos recibidos. Ojo. ¡¡¡¡Ojo!!!!

Hay que reír más, sobre todo con estos invitados. Es cierto que con relaciones de menos complicidad en el fondo resulta más fácil. Pero lo valioso es crear estos espacios para reír con los más cercanos, con aquellos a los que más queremos. Porque enfadarnos o llorar ya lo hacemos —a veces no hay más remedio—, y tenemos que compensar o acabaremos siendo una compañía muy incómoda.

Mi socio y yo hicimos un curso que fue especialmente complicado. Algunos participantes nos lo pusieron difícil. Nos advirtieron de que estaban allí «porque su jefe se lo había mandado»: el peor escenario para dar un curso. Nos dejamos la piel y creo que lo salvamos (o más que eso). Pero nos agotamos. Teníamos dos opciones: o ir a dormir o tomarnos una cerveza para relajarnos. Optamos por la segunda, y elegimos un lugar donde no pudiésemos encontrarnos con nadie del curso. Porque íbamos a reír. A reírnos. De lo que nos había ocurrido y de cómo habíamos capeado algunas situaciones. Sin mala intención, sin juzgar a nadie; nos reíamos de la situación. Nos reímos mucho (mi socio es fantástico para eso) y resultó balsámico. Para cada uno de nosotros y también para nuestra relación. Porque podríamos habernos echado en cara cosas que hicimos peor o mejor, pero en cambio nos reímos, juntos y mucho. Y así siempre nos apetece volver a trabajar juntos.

Las emociones se contagian. Mucho.

Es un hecho probado. Estamos con alguien triste, y nos entristecemos. Estamos con alguien deprimido, y nos deprimimos. (Se cuenta que un equipo de investigación estudiaba la depresión mediante entrevistas a personas deprimidas. Tuvieron que interrumpir el estudio, porque todos los investigadores sin excepción se deprimieron.) Si las emociones se contagian, ¿no vale la pena reír un rato y contagiar una buena dosis de alegría? Saldremos ganando, seguro. Y las relaciones saldrán ganando.

El Contacto Mínimo Esencial

Y una idea para cerrar la lista: la conciencia del Contacto Mínimo Esencial. Las relaciones se enfrían por falta de contacto. Y cuesta poder encajar en la agenda tantas cosas. Pero tenemos que saber que un Contacto Mínimo Esencial hará que la llama se mantenga encendida, quizá en su mínima expresión, pero encendida. Este Contacto Mínimo Esencial no será igual en todas las relaciones; algunas aguantan más enfriamiento que otras —depende en gran parte de la solidez de base de la relación—, pero en cualquier caso existe. Toda relación sin unos mínimos —muy mínimos, si se quiere, pero al menos esos— acaba muriendo. Y aquí wasap —o un e-mail— bien utilizado, vuelve a ayudarnos. No nos engañemos: es más rápido y menos invasivo que una llamada, que no sabemos si será o no oportuna. Y que, si hace tiempo que no estamos en contacto, puede acarrearnos alguna sorpresa. Wasap es un desastre en muchos aspectos —¡qué mala idea intentar resolver conflictos!—, pero es un gran medio para llamar a la puerta de una relación que se ha enfriado. La respuesta que nos llegue nos dará un montón de información.

> Coincidimos en un proyecto profesional y nos hicimos amigos. Durante una época salimos en alguna ocasión y compartimos más de una comida. Pero sin un motivo concreto, simplemente por las inercias de la vida, la relación se enfrió. Pasamos quizá un par de años sin saber el uno del otro y, por supuesto, sin hacer nada juntos. Un día un conocido me habló de él, y rememoré los tiempos de nuestra amistad. Tenía su teléfono (aunque no sabía si era el actual), así que le mandé un wasap.
>
> «¿Cómo estás? ¿Cómo sigue tu proyecto? Me encantará que nos veamos un día y nos pongamos al día...»
>
> Su respuesta —no inmediata— fue:
>
> «¡Todo bien! Aunque liado... Estaré fuera unas semanas. ¡Intentamos vernos cuando vuelva!».
>
> Cordial, pero sin morirse de ganas de que nos viéramos. Eso interpreté. Y de hecho, no nos hemos visto. Pero me gustó habérselo planteado. Me quedé tranquilo.

El Contacto Mínimo Esencial es algo que tenemos que autoimponernos y practicar. Porque, insistimos, las percepciones nos engañan, y hay un montón de valiosas relaciones, o de magníficas relaciones potenciales, respecto de las cuales no tenemos ni la más mínima consciencia de cuánto tiempo hace que no contactamos.

Estas son algunas —solo algunas— de las cosas que podemos hacer. Será fundamental comprender que **tenemos una historia relacional diferente con distintos invitados,** y que estará bien que lo tengamos muy presente, porque no con todos podemos hacer lo mismo, o no a todos les apetecerán las mismas cosas.

Hay relaciones de desayuno.

O de un café a media mañana.

Las hay de comida.

Las hay de cena.

Las hay de llamada.

O de mensaje.

Si lo que venimos haciendo nos funciona... no nos pongamos a inventar. **Si queremos más** —profundidad, intensidad o presencia—, entonces sí, cambiemos lo que hacemos.

Dos amigas del trabajo y yo quedábamos a cenar una vez al año, en alguna terraza peculiar, durante julio, mes en el que yo estaba solo, sin familia. Habíamos construido toda una historia alrededor de estas salidas. Yo dejé la empresa; una de ellas también. La otra se quedó y nos mantenía informados de cuanto sucedía en nuestra exempresa. Hablábamos de todo, incluso nos enfrascábamos en interesantes discusiones dialécticas sobre el sentido de la vida y nuestras creencias. Y por el camino le echábamos mucho humor y muchas anécdotas. Pero un verano no quedamos debido a un contratiempo (yo no estuve bien, y luego ya me marché de vacaciones...), pero el caso es que no quedamos. Y aquel espacio desapareció. Seguimos siendo amigos y a veces desayunamos. Rara vez los tres juntos. Tengo la consciencia de haber dejado escapar un espacio privilegiado de relación con dos buenas amigas, aunque ahora probablemente los tres querríamos otra cosa. A pesar de todo, no deja de ser un recuerdo entrañable.

Y si cambiamos, veamos cómo reacciona el otro, si está cómodo con el nuevo escenario. Si no lo está, es fácil que se esfume antes del siguiente encuentro.

Un apunte sobre las mezclas: a la hora de tener iniciativas, muchas veces mezclamos invitados de distintos niveles de relación. De listas diferentes. Y no siempre funciona. La idea clave es que, si en un grupo hay personas con quienes tenemos un nivel de confianza muy distinto, lo que predominará es el nivel mínimo; los invitados de mayor confianza vivirán con impotencia ese encuentro, porque no estará a la altura de la relación. Y aun siendo todos de mucha confianza para nosotros, entre ellos, que no se conocen, no es fácil que se dé una gran apertura.

Había invitado a un íntimo amigo y a su pareja a mi casa en un pueblecito de Menorca. Allí me encontré con una pareja también de muy buenos amigos del verano. Los invité a cenar, y los junté a todos. Pasamos una velada agradable, pero ni el nivel de conversación ni la complicidad estaban a la altura de ninguna de las dos relaciones. Porque ellos no se conocían y, como es lógico, entre sí había poca confianza, y eso fue lo que marcó el nivel. Me equivoqué. Sin embargo, no fue exactamente una lástima, porque les gustó conocerse a pesar de que perdimos la ocasión de intimar entre nosotros.

¿Cómo nos planificamos?

Cojamos, ahora sí, la agenda convencional, la del calendario, y empecemos a programar cenas, salidas, encuentros o lo que sea con quienes decidamos que necesitamos o queremos cuidar.

Al planificar, aparecerán algunos nubarrones:

El efecto cansancio. Demasiadas veces llegamos a casa cansados. Demasiado cansados. Y deberíamos pensar en qué hacemos el fin de semana, o en cómo programamos una cena que tenemos pendiente. Pero estamos cansados. Y no lo hacemos. Se acerca el fin de semana y no hemos planificado nada, y cuando nos ponemos a ello deprisa y corriendo el viernes al mediodía…

¡Oh, sorpresa!, nuestros potenciales invitados tienen otros planes.

Y si nos aventuramos a reflexionar —será un acto de puro masoquismo, lo advertimos— sobre qué nos ha cansado tanto, los fantasmas vuelven a nuestra mente. Porque:

Son los ejércitos de compromisos inútiles, de contactos que nos vampirizan y de personas que no nos interesan los que nos han agotado.

Y al final, llegamos al mismo mantra: el tiempo que dedicamos a los contactos no se lo dedicamos a nuestras relaciones más preciadas, a nuestros invitados.

Necesitamos vencer el efecto cansancio. Planificar los encuentros que sentimos importantes para nosotros. Comprometernos. Porque luego esos encuentros nos encantan. Nos dan un montón de energía y nos cargan las pilas. No debemos dejar de hacerlo. Y si estamos muertos de cansancio… a algo tendremos que ir renunciando, que no es precisamente a nuestras relaciones más preciadas. Es a los compromisos y los contactos. Solo a eso.

> Tenía la cita apuntada en la agenda: un evento de una fundación con la que colaboro habitualmente y que me ofrecería la ocasión de reencontrarme con tres entrañables amigas. Y aquel día, a mediodía estaba ya derrotado. Me encontraba mal; pero no por enfermedad, sino de puro cansancio. Me mandaron un wasap para quedar en la entrada del local donde se celebraría el evento; les avisé de que no estaba seguro de ir. El siguiente wasap era ya desde la puerta misma; confirmé que definitivamente no acudiría. Me lo perdí. Y no las vi. Y soy afortunado porque mis tres amigas (que son unas santas) no me han tachado de la lista.

El tiempo finito. Las semanas son de cinco días. Los fines de semana, de dos. El día tiene veinticuatro horas, y una decena las trabajamos (aunque en el contrato ponga que trabajamos ocho) y entre seis y ocho las dormimos. Queda el tiempo que queda y debemos mostrarnos despiadados a la hora de administrarlo.

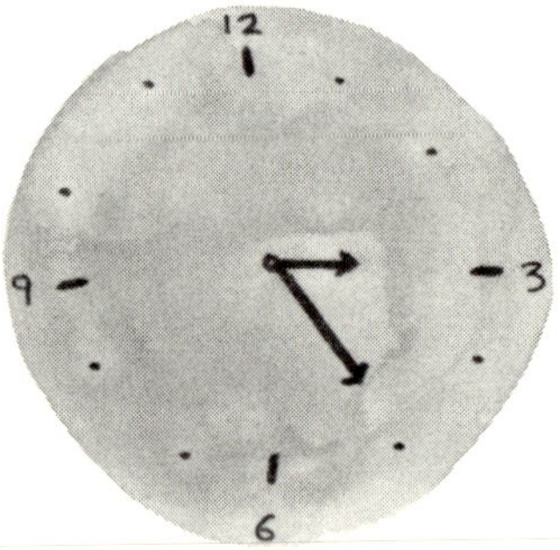

Cada SÍ a un compromiso
es un NO a un tiempo precioso
dedicado a una relación
que nos importa.
Así de sencillo.

Esta equivalencia ha de procurarnos la energía para responder con muchos «noes» a contactos inútiles y compromisos sin sentido.

No es egoísmo, es respeto por uno mismo. Insistimos: no es egoísmo, sino respeto por uno mismo.

(No olvidemos que nuestro entorno tiene un radar espectacularmente preciso y afinado para detectar a las personas que cedemos, que decimos que sí a todo. Cuando damos un sí absurdo, nos llueven veinte peticiones más. Es como si nos lo escribiéramos en la frente: «¡Adelante! ¡Me dejo!».)

Necesitamos planificar con prioridad las citas con nuestros invitados, por delante de aquellas con nuestros contactos o compromisos. Por lo general llevamos una agenda de trabajo donde encajamos lo personal en los huecos que quedan libres. Hagámoslo al revés. Llenemos con anticipación lo personal (especialmente en nuestro tiempo libre) y acomodemos lo laboral, porque al final en la agenda lo que todos hacemos es llenar los huecos.

> Recibí un e-mail de un cliente: «Necesito revisar contigo una presentación. ¿Me buscas un hueco entre hoy y mañana?». Tenía la agenda a reventar. No había modo de encajarlo. Vi que aquella tarde había quedado con una amiga para tomar un café. Hacía tiempo que no nos veíamos. Me debatí un buen rato, sin saber qué hacer. Al final le envié un mensaje a mi

amiga posponiendo el café y un mensaje a mi cliente proponiéndole aquella hora. Estaba encantado de que le hubiera encontrado un hueco. Y quince minutos antes de vernos, me envió un mensaje: «Disculpa. Un problema de última hora. No podré ir. Pero no te preocupes, ya me apaño con la presentación». Me tomé un café. Solo, sin compañía. Y me supo más amargo que nunca.

Esta es una idea fundamental: respetar el tiempo de la agenda personal. O darle prioridad. Los contactos son necesarios, y tenemos que gestionarlos en el tiempo dedicado a lo laboral. La agenda de trabajo es la agenda de trabajo, y hay que respetarla, faltaría más. Pero no tiene que pasar siempre por delante de la agenda personal, y nunca si se trata de tiempo personal. Porque muchas veces hay cuestiones laborales que parecen de vida o muerte, pero no lo son. Y poco a poco nos ahogamos y ahogamos nuestras relaciones.

Dentro de lo personal, y del tiempo personal: necesitamos planificar con absoluto respeto por la jerarquía de invitados. Los de la mesa en la cocina: tienen prioridad. Los de la cena en casa: son los siguientes. Los de la cena en el restaurante: van detrás (pero no nos olvidemos de ellos). Con el resto... nos veremos en otro momento. O en otra vida, si es necesario. Por eso habíamos elegido, ¿no?

Pero la realidad es que, partiendo de una idea equivocada de la confianza, hacemos exactamente lo contrario. Siempre nos atrevemos a cancelar una cita con los más cercanos, pero en muchas ocasiones no nos atrevemos con los más lejanos. Y los damnificados acaban siendo… los más cercanos (como siempre). Las personas que hemos reconocido que son las más importantes en nuestra vida. Y así nos va. Así descubrimos un día que un hijo se siente solo, o que nos hemos olvidado de las sorpresas y los detalles con nuestra pareja.

Unos mínimos de planificación son necesarios.

Para que nuestros invitados sigan siendo —y queriendo ser— nuestros invitados, hay que cumplir unos mínimos. Que serán distintos en los diferentes casos. Pero hay una pauta de enfriamiento de las relaciones. Un plazo pasado el cual la relación tenderá a disolverse.

Dos años. Para los invitados a la cena en el restaurante.

Dos meses. Para los invitados a la cena en casa.

Dos semanas. Para los invitados a la cena en la cocina.

No es científico ni está probado, pero ocurre. Si en estos plazos no damos señales de vida, las cosas empezarán a cambiar. Comenzaremos a distanciarnos. O nuestros invitados dejarán de sentirse como tales.

Con todo lo dicho, establezcamos el calendario. Y no dejemos de anotar lo que vamos haciendo en nuestra agenda de invitados. Tenemos la historia de cada relación en ella.

Algo que puedo hacer a diario

Todos los días podemos pensar en nuestras relaciones. Todos los días tenemos que hacerlo. Pero no vivirlo como una obligación, sino como un gran privilegio.

Porque nuestras relaciones nos proporcionan los mejores momentos de nuestras vidas.

Un hábito mágico:

1 mensaje al día (a alguien, a quien sea, de cualquiera de mis listas de invitados, pero con intención y sentido).

1 sorpresa al día (pequeña o grande, fácil o difícil, pero una sorpresa).

1 detalle al día (con los más cercanos, que siempre se llevan la peor parte).

Este es un hábito de ida y vuelta. Si lo hacemos, lo harán. Lo que hagamos también lo recibiremos. Es intelectualmente estimulante y vitalmente gratificante. Nos garantiza los mejores momentos.

Un apunte final: ¿Qué hago yo como invitado?

Puedo hacer mucho para cuidar a mis invitados. Y también como invitado de otros tengo mucho por hacer.

Para corresponder a la invitación recibida y para seguir siendo invitado, necesito estar y también participar activamente en la relación.

Estar.

Ser invitado de alguien significa que ese alguien ha querido compartir su vida con nosotros. Y si no lo hacemos, si sistemáticamente no atendemos las llamadas para compartir de nuestro anfitrión, acabaremos saliendo (lógicamente) de la lista.

Como invitado...

Necesito estar cuando pasan cosas.

Cuando se organizan cosas.

Cuando se necesita mi apoyo.

Cuando simplemente el otro comparte su vida conmigo.

Si estoy, estoy. Pero siempre. No puedo estar solo y exclusivamente cuando me apetezca.

> Organizaban anualmente una *castanyada* la víspera de Todos los Santos en un pequeño pueblo del Pirineo. Tres vecinos compartían una zona comunitaria, donde la montaban. La fiesta era famosa. Reunían a un gran número de personas, algunas de las cuales hacían un largo trayecto para asistir. Era el evento del otoño. Un año me invitaron. Y fui. No conocía a mucha gente y no soy de muchas juergas, así que estaba algo desubicado y me retiré pronto. Pero me gustó haber estado y que hubieran contado conmigo. Me invitaron al año siguiente, pero no acudí. Estaba cansado y tenía planeadas actividades con mis hijos al día siguiente. No quería acostarme tarde esa noche. Y me invitaron al siguiente. Una insoportable contractura me impidió asistir. No supe más de la fiesta. Aún se hizo unos años (creo que ya no se celebra), pero lógicamente ya no recibí invitación.

Muchas veces estar es más una cuestión de actitud que de presencia física. Es que el otro sepa que puede contar contigo. Que si te llama, respondes al teléfono. Que si te necesita, vas. En el contexto de una relación, se nota cuando estás. Igual que se nota cuando no estás. Y como invitado de los otros, estar es importante.

Participar activamente.

En toda relación, hay gente más proactiva y gente que lo es menos. Gente que propone y gente que se apunta a lo que proponen. Y cuando se han definido estos roles, tendemos a mantenerlos. «Él es el que nos llama», decimos. Y ocurre que, al final, el que llama se cansa. Y deja de llamar. Un día acaba pensando: «Estoy harto de llamar siempre yo».

Todos hemos de poner de nuestra parte. Anfitrión e invitados. Y si alguien es muy organizador, seamos nosotros otra cosa, desempeñemos otro papel en la relación, pero activo. Tiene que existir un equilibrio entre hacer y dejar que hagan. Dejarse llevar siempre cansa al otro. Y dice bien poco de nuestro interés. Y si el rol organizador del otro es libremente elegido y absolutamente querido por ese otro, reconozcámoslo y agradezcámoslo. Sin disimulo. Porque quizá quiera desempeñar ese papel, pero no puede pasarnos inadvertido.

Un grupo de cuatro parejas se encuentra cada dos meses (más o menos) para cenar. Siempre en un lugar muy especial que una de las personas del grupo se preocupa de elegir. Siempre está todo perfectamente organizado. Y los integrantes del grupo lo tienen clarísimo. Hasta que un día en el grupo de wasap recibieron el siguiente mensaje: «Si este mes queréis cena, que alguien se lo curre. Por si no os habéis dado cuenta, no se organizan solas». La sorpresa fue unánime. Nadie había pensado nunca que organizar las cenas pudiera ser una carga para aquella persona. Como tampoco a nadie se le había ocurrido jamás agradecérselo.

En una relación todos somos importantes y todos tenemos algo que aportar. No aportemos lo que no sabemos o lo que no podemos. Pero sí algo. Lo que sí sabemos y lo que podemos. Este es el mensaje.

¿Y si ya no quiero ser un invitado?

De la lista de invitados de alguien uno cae por omisión. O por deserción. Si no estamos, caemos. Pero a veces no es automático, o no pasa cuando queremos.

Como hemos visto, un caso claro es el de los grupos de wasap. ¿Cómo salir de ellos? Con una buena despedida y una o dos llamadas (o mensajes) a un par de personas del grupo para dar la versión completa. Evitaremos enfados y líos.

Dicho esto, salgamos de todos los grupos de wasap en los que no queremos estar. Y de las listas de circulación que no nos interesan, de las *newsletters* que no leemos, y un largo etcétera. Perdemos mucho tiempo en ello. Y todo, todo, suma impactos que nos distraen (o inquietan) y nos roban energía y tiempo. Si no hay libertad, no hay relación. El principio también vale para nosotros, para tener libertad de dejar de ser invitado. De salir de algunas listas.

Sanar

Ordenar es elegir. También cuidar.

Y en el caso de algunas relaciones, además hay que sanarlas.

Porque están dañadas.

Superficialmente.

O profundamente.

Algunas no nos importarán mucho, pero otras sí. Y entonces tenemos que actuar.

Lo primero y fundamental: hay que entender que el conflicto es normal. Completamente normal. Las personas tenemos días mejores y días peores. Y en los peores nos equivocamos. Y generamos conflictos. Es natural que así sea, y no debe preocuparnos.

No hay que temer ni evitar los conflictos; simplemente hay que resolverlos (o al menos intentarlo).

Las relaciones sin un mínimo de conflicto están muertas, son mentira. Son relaciones diplomáticas, pero en absoluto auténticas.

Nunca me peleaba con mi padre. Al ser él una persona autoritaria, simplemente aceptaba sin discutir todo lo que me dijera. Hasta que un día le respondí. Y como ocurre en estos casos, por una vez que replicaba, lo hice con especial contundencia. Y terminamos la conversación abruptamente (hablábamos por teléfono). Al cabo de un par de días me llamó. Me telefoneó él, que nunca lo hacía. (De hecho, yo tampoco lo llamaba; llamaba a mi madre y tras hablar un rato con ella me lo pasaba.) Me dijo que quería saber cómo estaba y hablamos con normalidad —y cordialidad—. Entendí que no había pasado nada grave entre nosotros por el encontronazo anterior. Que estaba dentro de los márgenes seguros de nuestra relación tener uno de esos encontronazos, y que no tenerlos de vez en cuando es lo que probablemente estaba restándonos toneladas de complicidad y confianza.

Y lo segundo: hay que tener claro que dos personas nunca podrán entenderse si una de ellas no quiere. Si tenemos un conflicto, podemos intentar resolverlo, pero eso no garantiza nada. Si el otro no quiere o no puede, el conflicto no se resolverá. Y no porque estemos haciendo nada mal, sino simplemente porque el otro no quiere o no puede. Y fin de la historia. Aunque no para siempre: a la mayoría de los conflictos que hoy no pueden solucionarse les llegará su momento. Y si esperamos, y lo intentamos de nuevo, podremos resolverlos.

Cuando nos cierran una puerta en las narices, nos la han cerrado hoy, pero no para siempre. Un día la puerta se entreabrirá. Un poco, quizá muy poco. Pero se entreabrirá. Sepamos darnos cuenta y meter un pie. Conseguiremos abrirla del todo.

Nos reencontramos en el entierro de una tía abuela mía. Éramos pocos y hubiera sido imposible esquivarnos. Habíamos dejado de hablarnos, no de forma brusca, sino por pura evitación, a raíz de un montón de malentendidos y comentarios de terceros que habían contaminado nuestra relación. Yo había intentado hablar un día con él, pero él no quiso. Me aseguró que las cosas eran lo que eran y que no iba a cambiar de opinión respecto a lo que pensaba (opinión que yo no conocía). Pero yo lo quería, porque de joven había pasado muchas horas con él y había sido muy generoso conmigo. Y me consta que él me quería también, aunque me molestaba que no quisiera —y me lo decía sin tapujos— a algunos de los míos. Tras la ceremonia nos saludamos —hubiera sido realmente extraño no hacerlo— y nos miramos a los ojos. Y los dos esbozamos una media sonrisa. E interpretamos que era el momento. Solo nos emplazamos a hablar, cosa que hicimos mucho después. Pero aquel fue el instante en el que ambos vimos un pequeño rayo de luz que se colaba por la puerta entreabierta.

Sanar una relación no es necesariamente sencillo. Y requiere energía (a veces mucha) y tiempo. ¿Queremos sanarlas todas? Depende.

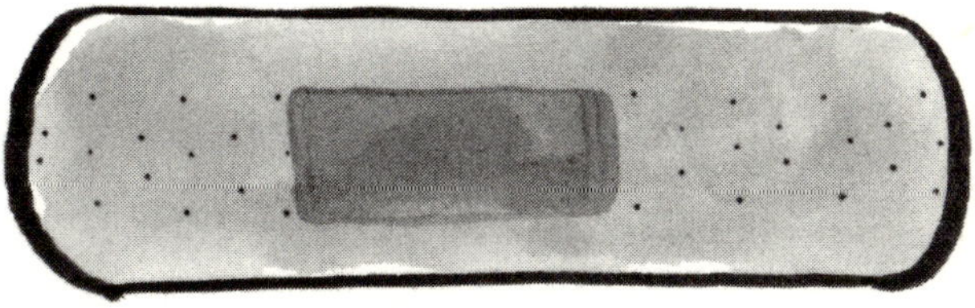

Hay invitados con quienes, si tenemos un conflicto, no necesariamente lo resolveremos. Porque quizá esté poniendo en evidencia diferencias sustanciales que ni podemos ni probablemente tenemos ningún interés en salvar. Serán invitados que de forma natural saldrán de la lista; no precisamos hacer más. Solo agradecer el tiempo en que fueron nuestros invitados. Y todo lo que vivimos con ellos.

Pero hay invitados con los que, si tenemos un conflicto, debemos resolverlo. Porque son esenciales en nuestras vidas, y vale la pena. No estamos bien con ellos ahora. Porque han pasado «cosas». Enfrentamientos, desacuerdos, malentendidos... «cosas», entre comillas y en plural. Y esas «cosas» enturbian la relación. Y sin embargo, siguen siendo invitados que nos importan. Querremos resolver lo que haga falta.

Hay gente que cuando tiene un conflicto con personas esenciales en su vida son capaces de olvidarse de ellas y tacharlas de la lista (o al menos eso dicen). Pero la realidad es que, si se trata de este tipo de relaciones nucleares, son personas que no desaparecerán así como así de nuestra vida. Y si lo hacen, o forzamos que desaparezcan, podríamos acabar echándolas de menos.

Y un caso especial: los invitados con los que el día a día es complejo, está lleno de conflictos y tensiones, pero con los que en la adversidad no hay fisuras. Está bien que las cosas sean así. Y es absurdo forzar la convivencia diaria. Los conflictos llegan porque han aflorado las diferencias, que pueden ser muy profundas, incluso de valores, pero existe un amor de base que trasciende la convivencia diaria. Sería estúpido renunciar a él. El valor de esas relaciones radica en eso, en la magia de la ayuda incondicional cuando se necesita. El amor siempre puede más, aunque en muchas ocasiones no apetezca el roce de la convivencia.

No estaban todos los hermanos y cuñados en la cena de cumpleaños del padre, oficialmente por incompatibilidades de agenda; en realidad, por pocas ganas de estar. A algunos les preocupó: sentían que el vínculo familiar se deshacía, que las diferencias eran más fuertes que el cariño. Y unos meses más tarde estalló la mala noticia: a la hermana mayor le habían diagnosticado cáncer. Esa misma tarde, en el hospital, no faltaba nadie. Y nadie —se notaba— estaba allí por compromiso. En los meses siguientes todos lo comprobaron. Estuvieron juntos, se organizaron, cada uno aportó lo que podía... sin grandes reuniones ni grandes palabras. Solo poniendo el amor de base que había en esas relaciones. En esa familia no funcionaba la convivencia en aguas plácidas, pero sí en aguas turbulentas.

Y ahora sí: ¿qué podemos hacer con las relaciones que queremos y deseamos sanar?

«El tiempo lo cura todo», dicen. Pues no. No lo cura todo. **Muchos conflictos** (casi todos) **no se curan con el tiempo**, sino que **se pudren.** Por tanto, no hacer nada casi nunca es una opción.

Si hay un conflicto (y la relación nos interesa) debemos intentar arreglar las cosas. Pero haciéndolo bien. Y hacerlo bien significa preguntarse:

¿Cuándo abordar el conflicto?

¿Cómo abordar el conflicto?

¿Con qué expectativas abordarlo?

¿Cuándo abordar el conflicto?

Podría pensarse que, si estamos en conflicto con alguien que es importante en nuestra vida, lo que debemos hacer es resolverlo cuanto antes, y punto. Y es verdad; pero muchas veces no puede ser. El necesario diálogo para resolverlo no puede darse de inmediato. Se necesita un punto de distancia y serenidad que solo se alcanza tras un tiempo (corto algunas veces, más largo otras) de enfriamiento. Muchas veces necesitamos algo de distancia para ganar perspectiva.

Este período de distanciamiento es normal y sano, y no nos debe hacer sufrir más de la cuenta. No vamos a olvidar que hay algo que resolver, y que queremos resolverlo. Pero esperaremos el momento oportuno. Si tenemos en mente que tenemos el conflicto por resolver, gestionemos con inteligencia el tempo.

No hay que abordar en caliente los conflictos —las emociones nos jugarán a todos una mala pasada—, ni debemos dejar que se enfríen demasiado (podemos perder la relación por el camino). Y como los tempos no son iguales para todos, tanteemos. Puede ser un momento óptimo para mí, pero ser demasiado pronto para el otro. No pasa nada si es así; esperemos.

> Hacía casi dos años que no se hablaban. Y ambos estaban incómodos. Y yo más, porque soy amigo de los dos. Uno de ellos me tiró el anzuelo: «Es una lástima que estemos así». Decidí saber qué pensaba el otro y hablé con él para preguntarle cómo estaba respecto al conflicto. Me dijo que a la semana de estallar intentaron hablarlo, y que la respuesta que recibió fue «No quiero volver a hablar contigo». Y que eso era lo que estaba haciendo, literalmente. Me di cuenta de que habían querido solucionarlo demasiado pronto; ahora, sin embargo, estaba haciéndose demasiado tarde.

Un conflicto con un invitado querido incomoda. Es cierto. Y cuanto antes lo resolvamos, antes terminará esa incomodidad. Pero la prisa es mala consejera y, si nos precipitamos, podemos —como cuando nos tomamos la sopa recién servida de la olla— salir escaldados.

¿Cómo abordar el conflicto?

El tema daría para una tesis (y hay magníficos especialistas en el asunto, que ya lo han explicado). Pero no es esa la intención. Pongamos sobre la mesa dos pistas claras: la convocatoria y el diálogo.

La convocatoria: si queremos resolver un conflicto, es bueno avisar (un mensaje del tipo «¿Podemos hablar en algún momento de esta semana?» funcionará). El «aquí te pillo» provoca reacciones defensivas. Podemos avisar por wasap o e-mail. Y estará bien, porque daremos la libertad al otro de pensar la respuesta. Pero que no se nos ocurra lidiar el conflicto por wasap o por e-mail. Estaríamos abocados al fracaso. Estamos diseñados para captar las intenciones del otro por su expresión facial. Y para captar el sentido de lo que nos dice en su tono de voz. Y wasap no tiene nada de eso. El tono y la intención de un mensaje de wasap se determinan según el ánimo del receptor, no del emisor. Los malentendidos están servidos.

> Después de un curso agitado, recibí un extraño wasap de mi colaborador en aquel proyecto. Lo ignoré (me pareció que estaba escrito en un «calentón»). Pero me llegó uno más, y un tercero ya a una hora intempestiva. Por la mañana, y con serenidad, respondí. Con intención cordial que, a la vista de la respuesta que siguió, no es la que mi colaborador captó. Porque me respondió con un mensaje tajante y agresivo. Lo dejé correr, hasta que a la semana me llegó un nuevo mensaje suyo que no acertaba a interpretar. Entonces, sí: cogí el teléfono y lo llamé. Y nuestra conversación no tuvo nada que ver con aquellos mensajes. Fue reveladora, pudimos entendernos y acabó de forma cordial. Y cuando colgamos y releí los mensajes, de repente adquirieron un significado totalmente distinto para mí. Importante lección: sin tono, las palabras nunca son lo que tal vez parezcan.

Es bueno un mensaje para convocar, pero solo para convocar. Para emplazar al diálogo. Y si el otro lo acepta, es bueno hacer una reserva generosa de tiempo y buscar un lugar agradable. Todo suma. Estaremos dando un sencillo mensaje: «Quiero resolver de verdad nuestro conflicto».

El diálogo: resolver un conflicto no tiene nada que ver con demostrar quién tenía la razón.

En los conflictos no hay razones, hay emociones.

Un conflicto no es un desacuerdo. Es la reacción emocional a ese desacuerdo. Por tanto, el diálogo es de emociones, no de razones. Y no es para vencer, sino para comprender.

Mis emociones son mis emociones. Y puedo compartirlas contigo, pero no evitarlas. O sea, que son indiscutibles. Puedes pensar que no tengo motivo para enfadarme, pero el caso es que estoy enfadado, y esto es lo que necesito compartir contigo para resolver el conflicto. Si me lo cuestionas, no resolveremos nada. Si intentas comprenderme, vamos bien.

«Primero comprender, luego ser comprendido.» Era la sabia recomendación de nuestro maestro. Y es la clave. Cuando comprendo, es muy fácil que me comprendas. Y si no comprendo, es casi imposible que me comprendas.

Para comprender, tendremos que hacer algo muy básico y a la vez muy difícil: Escuchar. Escuchar cosas que nos revolverán, que nos tocarán emocionalmente. Y debemos intentar escucharlas hasta el final. Cuando algo que me dices me revuelve, me defiendo. La mayoría de las veces hablando yo y dejándote a ti con la palabra en la boca. Y habré matado la posibilidad de comprenderte. Escuchar hasta el final. Esa es la base.

Y para ser comprendidos hay una norma fundamental. Hablar solo en primera persona. Solo de lo que me ocurre a mí. Nada de ti.

No puedo decirte que me atacas. Puedo decir que me siento atacado.

No puedo decir que eres agresivo. Puedo decir que me hiere tu tono de voz.

No puedo decir que no me escuchas. Puedo decir que no me siento escuchado.

No puedo hablar de ti. Solo de mí.

Porque cuando hablo de ti, te juzgo y te hago reproches, y eso matará el diálogo.

Comprender y ser comprendidos. Y en muchos casos, saber leer entre líneas y captar cuándo las cosas ya están dichas. La resolución de conflictos es un ejercicio de sutileza. Lo que se da por comprendido ya está. Debemos ir con cuidado para no echar sal en las heridas abiertas, que es lo que tal vez hagamos si insistimos demasiado en temas que duelen.

Tuve una importante crisis con una persona querida. Durante unas semanas casi no hablamos y los mensajes que intercambiamos no eran agradables. Yo me autoimpuse un tiempo de silencio y distancia que duró unos meses, tras los cuales hablamos por teléfono. Mi única intención era captar qué predisposición había para retomar la relación. Me pareció que era grande. Así que quedamos. Y nos fuimos a tomar unas bravas. Nos pusimos al día de nuestras respectivas vidas, pero no se nos ocurrió hablar de nada de lo ocurrido. Ni una palabra. Ni un intento. Los dos veíamos que nuestra relación era demasiado valiosa como para volver a ensuciarla con intentos de saber qué había sucedido o quién había hecho qué y con qué intención. Todos nos equivocamos y hay veces que no hace falta repasar la historia. De las bravas pasamos a una cena y nos despedimos con un abrazo. Y seguimos bien, muy bien, y no tengo ninguna necesidad de hablar sobre aquellos meses oscuros.

Y eso sí, resolver un conflicto requiere un espacio privilegiado en la agenda, sin compromisos posteriores, y con tiempo para alargar ese instante. (Si se empalma el desayuno con la comida, porque es necesario, hay que estar dispuestos.) Hay momentos en la vida en que no se puede cortar un diálogo, porque quizá no pueda volver a darse. Es demasiado importante haber empezado como para cortarlo por el camino.

¿Con qué expectativas abordarlo?

La respuesta es fácil. Con ninguna. Dos no se entienden si uno no quiere. Y aquel con quien quiero resolver un conflicto es mi invitado, no mi recluso. Tiene toda la libertad del mundo de querer resolverlo o no. De querer seguir siendo mi invitado o no.

Es cierto que dos no se entienden si uno no quiere, efectivamente, y no menos cierto que el que uno no quiera casi siempre es más por miedo o por no saber cómo resolverlo que por voluntad.

Hablando de conflictos, un «no quiero» casi siempre equivale a un «no puedo».

Todos deseamos resolver los conflictos, al menos con las personas más queridas. Pero nos da miedo o no sabemos, y esto hace que parezca que no queremos. Pero sí queremos.

En cualquier caso: abordemos los conflictos sin expectativas, porque las cosas nunca pasarán como prevemos. Y no sucede nada. Es la libertad del otro. Con expectativas frustradas, los conflictos se retroalimentan. Sin expectativas, quizá no todos se resuelvan, pero siempre de alguna manera se produce algún tipo de movimiento. Sin expectativas los conflictos se transforman. Mucho o poco, pero se transforman.

Un apunte final: con las personas que más queremos, intentemos no dejar palabras necias dichas o bonitas no dichas. Porque podríamos no tener ocasión de decirlas. Y no es tremendismo. Es que simplemente pasa.

Mi madre cenó en casa, como hacía una vez a la semana, para estar con nosotros y ver a sus nietos. Por aquella época yo estaba acabando de escribir uno de mis libros, que incluía una anécdota preciosa protagonizada por ella. Era un pequeño homenaje que quería hacer a su grandísima generosidad. Y aquel día me preguntó: «Estás a punto de acabar un libro, ¿no? Déjame leer algo...». Yo, que estaba cansado, con ganas de terminar el día, le contesté literalmente: «Sí, en eso estoy, pero ahora no lo tengo aquí; mañana te lo paso».

A la mañana siguiente mi hermano me llamó, interrumpiéndome en un curso que yo impartía. Mi madre había fallecido repentinamente de un infarto. Aquella noche, en medio de la desoladora tristeza, caí en la cuenta de que mi madre nunca leería lo que le había escrito como homenaje y de que jamás lo haría porque el día antes yo no se lo mostré. Y caí en la cuenta, también, de que no había aprendido nada, porque mi padre había fallecido también unos años antes de forma repentina, y también me habían quedado entonces un montón de cosas no dichas.

Asegurémonos de que, especialmente en lo que se refiere a los invitados más queridos, no nos vamos a dormir con mal sabor de boca. En el caso de que se den conflictos podemos dejar una conversación pendiente (ya hemos dicho que no todas las conversaciones pueden mantenerse de inmediato), pero no dejemos puentes rotos.

En el caso de las palabras bonitas no dichas, digámoslas.

No dejemos un «te quiero» por decir.

Vivimos pensando que mañana será otro día. Y no hay garantía.

3

Cinco reglas de oro

Estamos ordenando nuestras relaciones. Hemos elegido. Sabemos cómo cuidarlas. Y tenemos algunas pistas de cómo sanar las que necesitemos y queramos sanar.

Conseguiremos estar más cerca de aquellos a los que queremos y dejar de perder tiempo y energía con aquellos a los que no queremos.

Y en todo este camino hay cinco cosas que podemos hacer siempre y que siempre ayudarán en nuestras relaciones. Nos sirven para cualquier tipo de invitado. Para cualquiera de las cenas.

Primera regla: Agradecer

Qué fácil resulta decir a los demás lo que nos molesta. Y qué pocas veces les decimos lo que nos gusta. Especialmente a los invitados a la cena en la cocina. Porque lo damos por descontado. Damos por hecho que saben que valoramos todo lo bueno que tienen.

Y lo cierto es que no nos apetece estar con los que nos critican continuamente. Nos apetece estar con aquellos de los que recibimos un balance sano entre críticas y agradecimientos. Ni la hipocresía de la adulación permanente (algunas veces con cara de palo), ni el machaque de la crítica constante. Un equilibrio sano. Por cierto, no tiene el mismo impacto la crítica que el agradecimiento. Se necesitan muchos más agradecimientos que críticas, porque las críticas nos llegan más hondo emocionalmente.

Agradecer es puro oxígeno para las relaciones.

Y es gratis, y no cuesta tanto. Y sin embargo agradecemos muy poco, sobre todo a los más cercanos. Esa es la asignatura pendiente.

Y si nos ponemos a ello, hagámoslo de verdad. No cuela la palmadita en la espalda. Busquemos cómo impactar al otro con un agradecimiento auténtico, sentido, que le llegue. Que muchas veces no requerirá palabras, pero sí detalles y gestos.

> Mi hija mayor se coló en una conferencia en la que explicaba la idea de «cuenta corriente emocional», es decir, el balance entre la crítica y el reconocimiento. Y explicaba que cada crítica necesita de cuatro o cinco reconocimientos para compensarse, para que el balance esté en positivo. Desarrollaba la idea con ejemplos de la vida cotidiana, con la intención de que la gente pudiera llevar la idea a su vida. Al terminar la sesión, mi hija se acercó. Y con una sonrisa me dijo: «Muy interesante. Que sepas que conmigo estás claramente en números rojos».

Y un matiz importante: si agradecemos de forma natural cada vez que ocurre algo bueno, estamos ganándonos la credibilidad para criticar cuando ocurre algo malo. La otra persona nos captará en toda nuestra autenticidad cuando hagamos lo uno o lo otro. Y nos ahorraremos esas cosas tan raras que a veces hacemos para no machacar al otro, que consisten en meter una crítica en medio de dos halagos. Y que no funciona. La crítica borra literalmente los halagos y lo único que evidencia es que todo es una estrategia.

Con nuestros invitados, a diario ocurren cosas que son motivo de agradecimiento. Saquémoslo a la luz. No lo pensemos solo, digámoslo. Agradezcamos.

Segunda regla: Adelantarse

Si me importas, pienso en ti. Y si pienso en ti, se me ocurren cosas que pueden ayudarte. O que pueden gustarte. Antes de que me las pidas. Esa es la magia.

Adelantarse es un mensaje de potentísimo valor en una relación.

Adelantarse significa, por ejemplo:

Proponer algo que hacer juntos.

Llamar antes que el otro.

Interesarse por el problema del otro antes de que me lo cuente.

Presentarse en su casa si intuyo desánimo.

Enviar una botella de cava para celebrar algo de lo que me he enterado.

Ir por delante supone, además, un reto para el otro. Que lo estimulará a corresponder. Y entraremos en un juego mágico de estar el uno por el otro. Funciona con todos los invitados. Aunque dado el tiempo y la energía que requiere, será prioritario con los invitados a la cena en casa. Podemos hacerlo con alguno de los invitados a la cena en el restaurante, si queremos sorprenderlo y meterlo en casa en la próxima cena.

> Tengo un gran amigo médico (fue mi médico en una de las empresas en las que trabajé) y yo soy hipocondríaco. Es una situación ideal para mí (tener un amigo médico) y una tortura para él (tener un amigo hipocondríaco). Pero él lo acepta (supongo que intenta ganarse el cielo). Le llamo a menudo y a horas intempestivas. «Tengo un dolor extraño en el pecho...», «Estoy con fiebre y con un dolor tremendo en los riñones...», y como estas, muchas otras. Y lo significativo es que, cuando inicio un proceso de enfermedad, al día siguiente de haberlo llamado yo me llama él para saber cómo estoy. Siempre se me adelanta. Yo intento no darle la lata, pero es que él se me adelanta. Y yo siempre me quedo agradecido y con la sensación de que mi amigo médico es simplemente, además de uno de mis mejores amigos, un marciano.

Como ya hemos dicho: algunas de las cosas que haríamos por los demás muchas veces las pensamos y no las hacemos. Seamos un poco disciplinados. Pensémoslas y hagámoslas. Al instante y adelantándonos al otro. Y disfrutemos de su reacción.

Tercera regla: Abordar los cafés pendientes

Un café pendiente es una conversación que no hemos tenido, pero que está ahí. Muy presente. Por algo que ha ocurrido que nos ha sentado mal («Me molestó mucho tu comentario en la cena delante de todos, y no puedo digerirlo»). O también (y muy importante) por algo positivo que no hemos agradecido («Me ayudó un montón hablar contigo el otro día y no te he dado las gracias»).

Es algo que no necesariamente me obsesiona, en lo que no estoy pensando sin cesar, pero que cuando me cruzo con la persona en cuestión, o cuando coincido con ella, me vuelve inevitablemente a la cabeza.

El problema de no hablar estas cosas es que, sin que seamos conscientes de ello, nos separan. Porque es algo que nos incomoda y, aunque no nos demos cuenta, tendemos a evitar la relación, o a manejarla de forma diplomática, perdiendo la autenticidad. Quizá nosotros no nos demos demasiada cuenta, pero desde fuera se nota. Alguien algún día nos dirá eso de «¿Pasa algo entre vosotros?».

Cuando tengo un café pendiente rara vez se me esfumará de la cabeza. Rara vez me olvidaré. Más bien se quedará encallado y resistirá titánicamente el paso del tiempo. Y si un día aflora, puede hacerlo mal y en un mal momento.

Estábamos en una reunión de trabajo con una familia empresaria, el padre rondaba los ochenta años, el hijo mayor los cincuenta. Hablábamos de organización, de futuro, de relevo generacional y de roles en la empresa. Y el hijo mayor se mostraba taciturno, casi no intervenía. Se discutieron muchas cosas, el resto de los hermanos fueron aportando ideas, pero el hermano mayor no se pronunciaba. En un momento dado, en plena discusión acerca de la organización, alguien le preguntó: «¿Cómo lo ves tú?». Él, mirando con expresión amarga a su padre, dijo: «Nunca me dejaste comprar la moto».

El que yo tenga un café pendiente no implica que la otra persona lo tenga también conmigo; es cosa mía y soy yo quien lo necesita. Pero poder expresar eso que llevo dentro —aunque el otro no se acuerde o no le haya dado la más mínima importancia—, me ayuda y ayuda a la relación.

Eso sí: solo tendré cafés pendientes con mis invitados seguros, con las relaciones que me importan. En el convencimiento de que «limpiaremos» la relación y volveremos al punto bueno. No vale la pena matarse a cafeína con personas que ni nos comprenderán ni con las que no hay nada que podamos regenerar, porque la relación no se aguanta por ningún lado, o porque simplemente no nos interesa.

¿Por qué café (o té, tila, roibos o lo que nos apetezca)? Porque **ha de ser una conversación sosegada, tranquila,** en la que podamos compartir los sentimientos. Una conversación atropellada, en mitad del pasillo, pillando al otro por sorpresa (cosa que le activará de forma natural todas las defensas), no funcionará.

Y ¿cómo se tiene ese café? Expresando lo que he sentido, en primera persona, **sin acusaciones.** Sin la misión de tener la razón. Sin buscar ni la disculpa ni la victoria, solo la oportunidad de expresar lo que siento.

«Me sentí mal por no haber participado en el proyecto»: funcionará.

«Es injusto que no contaras conmigo para el proyecto»: no funcionará.

Porque implica un juicio y una clara acusación. Porque habla de ti y no de mí.

Todas las relaciones están plagadas de cafés pendientes. Muchos por cosas positivas no dichas, no solo por conflictos.

Los cafés pendientes se generan de forma natural, y no son un problema. El problema es no tenerlos.

Desarrollemos el saludable hábito de tenerlos siempre y sin mayor trascendencia. Los que necesitemos, porque también es cierto que muchos cafés pendientes acabamos resolviéndolos nosotros mismos, dentro de nosotros, cuando les dedicamos un momento. Y no siempre sentimos la necesidad de quedar con el otro para un café.

Cuarta regla: Estar presentes en la adversidad

«El oro se prueba en el fuego. La amistad, en la adversidad»: esta frase se la oí unas cuantas veces a mi madre, cuya verdad pudo experimentar además en carne propia en unos años de adversidad económica. Y es más que cierta. Una de las cosas que más reconforta en las situaciones difíciles es verse acompañado de gente. Es un momento en el que sencillamente no podemos fallar. Si en algún momento no podemos esfumarnos es en la adversidad. Es entonces cuando nos tacharán de la lista si no estamos o cuando pasaremos a la lista de invitados a la cena en casa si estamos.

Y es increíble cómo somos de aprensivos ante la adversidad, como si fuera contagiosa. La gente huye de la adversidad en lugar de acercarse a la persona que la sufre.

Reír juntos es una prueba de amistad, pero sobre todo lo será llorar juntos.

Esta es la prueba definitiva. Lo que ocurre es que a menudo no sabemos qué hacer ni qué decir, cómo comportarnos. Y nos invade la pereza de estar, porque no sabemos cómo estar.

Estar a las maduras es el premio. Y a eso todo el mundo se apunta. Estar a las duras es lo que realmente tiene valor y en donde se gana uno el estatus de invitado seguro. Y no todas las personas saben o quieren estar.

Y la adversidad no es igual para todo el mundo; para cada cual es la que es, y es la suya. Hay cosas que para mí no tienen ninguna importancia, pero para otro son una tragedia. Del mismo modo en que hay cosas que para mí son un desastre, pero para otro no pasa nada. La adversidad no hay que compararla ni medirla, solo acompañarla.

> Mi padre tenía una empresa familiar y, después de unos años de gran bonanza económica, en los años ochenta se arruinó. Y como les sucedió a muchos de los pequeños empresarios de la época, había avalado el negocio con las propiedades familiares. Lo perdimos todo y nos quedamos literalmente sin nada. A mí me pilló en el segundo año de carrera universitaria, totalmente por sorpresa. Recuerdo que quedé con una amiga y se lo conté, con todo lujo de detalles y con una dosis importante de drama (porque es como lo viví en aquel momento). Tras terminar mi relato, ella me dijo: «Lo siento mucho, de verdad. Yo también estoy pasando un mal momento, porque mi mejor amiga está muriéndose de cáncer con solo veintidós años». Me avergoncé terriblemente de haber estado dándole la lata con un problema que al fin y al cabo era meramente económico, cuando el suyo sí que era terrible. Y se lo dije. Y me contestó: «Me ha encantado que lo compartieses conmigo, porque es tu angustia. Y te agradezco que me hayas dejado compartir la mía». *Chapeau!* Una amistad en estado puro (y que, por cierto, no supe cuidar).

Y un apunte ante la adversidad: estar es más importante que decir (¡qué patosos somos cuando intentamos decir algunas cosas en los momentos de adversidad!). Y muchas veces lo único que se espera de nosotros, y lo que más ayuda, es escuchar. Y salirse del protocolo en estos casos puede ser clave y decir mucho de mis intenciones. En el funeral del padre de un amigo estaremos todos. Pero quizá sea más valioso dejarse caer a última hora el día antes en el tanatorio, cuando el cansancio ha hecho mella en él, o llevarse a sus hijos a casa para que pueda tener unos momentos de intimidad con su pareja.

Quinta regla: Utilizar a menudo las palabras mágicas

Hay tres cosas que dan un vuelco a las relaciones: agradecer, pedir disculpas y perdonar.

Hay tres expresiones mágicas:

**Gracias. Lo siento.
No pasa nada.**

Gracias

Ya hemos comentado la bondad de agradecer. Pero utilicemos la palabra mágica a menudo. Eso sí: sin banalizarla. Con sentimiento. Porque hay personas que dan las gracias por puro formalismo, como expresión protocolaria sin ningún tipo de intención (se notará en el tono y la expresión; y cuidado, porque se nota). Se nos da bien dar las gracias en directo, pero no tanto si debemos acordarnos de darlas, porque hemos recibido algo y no tenemos a la persona delante. La llamada o el mensaje para dar las gracias ya cuesta más. Y si no damos las gracias en las primeras veinticuatro horas, cada vez cuesta más darlas porque es más flagrante el descuido, hasta que generamos un verdadero «café pendiente».

Un buen gracias es un regalazo, que se guarda mucho tiempo. Y que da un giro muy insospechado a las relaciones.

> Invitamos a mi socio y su pareja a una pequeña casa que tenemos en la playa. Era nuestro regalo por su cincuenta cumpleaños. Pasamos unos días estupendos juntos. Y al marcharse, nos lo agradecieron. Era un regalo para mi socio que estaba en consonancia con el nivel de intimidad que tenemos con él. Y al cabo de unos pocos días, nos llegó un entrañable mensaje de su pareja, que nos decía que estaba sintiendo el calor del sol y que eso le había hecho recordar los maravillosos días pasados juntos. Decía mucho más, escrito de forma exquisita y cariñosa. Y mi socio no sabía ni que nos lo había enviado. Aún guardamos el mensaje, y ya no hablamos de «la pareja de mi socio», sino de «nuestro amigo».

Lo siento

Pedir disculpas tiene efectos balsámicos en las relaciones. Todo el resentimiento que está generándose cuando has hecho algo que me ha ofendido, se transforma en cariño cuando oigo tus disculpas. Es alquimia pura. E instantáneo. Y cómo nos cuesta disculparnos: nos parece que nos empequeñecemos, que nos hacemos vulnerables, cuando en realidad es expresión de nuestra grandeza.

Eso sí: disculpémonos de verdad. «Si vas a hacer una reverencia, que tu inclinación sea pronunciada», reza un dicho chino. Y es así. Porque hay personas que se disculpan con la boca pequeña (y esa disculpa no nos llega), igual que hay personas que, mientras se disculpan, dan una patada al otro. «Perdona, pero es que me pusiste de los nervios»: qué poca petición de disculpa hay en ello...

Casi siempre, cuando pedimos perdón, nos sobra la segunda parte de la frase. Todo lo que sigue al «pero». No sabemos poner el punto, y eso mata la disculpa.

Empezábamos un curso y lo hice con la pregunta que suelo formular siempre para romper el hielo: «¿Cómo estáis?». Y una participante me saltó a la yugular, con todo tipo de recriminaciones hacia sus jefes por haberla enviado al curso «que no dudo que harás muy bien», me decía, y constatando la inoportunidad de lo que íbamos a trabajar. Como no podía ser de otro modo, algunos otros participantes se apuntaron a la protesta, lo que hizo complicado el inicio del curso. Lo pasé mal; costó empezar y tuve que emplearme a fondo. A la hora del café se acercó para disculparse: «Lo siento, no es culpa tuya, pero es que...», y me repitió la arenga desde el principio. Doble ración. ¿Dónde estaba la disculpa?

No pasa nada

Leí (pero no tengo ni idea de dónde) una anécdota reveladora: dos personas se cruzan por la calle y se dan un golpe. Una de ellas, con rapidez, le dice a la otra: «Si ha sido culpa mía, le pido disculpas. Si ha sido culpa suya, no pasa nada». Y ahí se acabó la historia.

Perdonar es, de nuevo, balsámico, y el rencor, un mal asunto. **Perdonar solo requiere una cosa: ponerse un instante en la piel del otro.** Y comprender en qué circunstancias hizo lo que hizo. Si lo hacemos, la mayoría de las veces lo comprenderemos.

El problema de no perdonar es doble: afecta a la relación y nos afecta a nosotros personalmente. **Porque cuando guardamos rencor a alguien estamos secuestrados por él,** porque no nos lo quitamos de la cabeza. Pensamos en él mañana, tarde y noche.

Y en este caso, el «no pasa nada» muchas veces solo hay que decírselo a uno mismo. Nos lo decimos internamente, no hace falta decírselo al otro. Es una expresión mágica para nosotros y para la relación, no necesariamente para ser dicha.

> Me jugó una mala pasada. Y no se lo perdonaba. Porque lo que hizo me afectó profundamente y no podía dejar las cosas así. Se trata de una persona cercana, a la que he estado guardándole este rencor durante años. Hasta que un día mi mujer me dijo: «¿Te has dado cuenta de cuántas veces hablas de eso?». Entonces lo comprendí: estaba secuestrado por el rencor. Y esa persona ocupaba un espacio en mi vida desmesurado. No fui a hablar con él. Es más, no creo que esa conversación llegase a buen puerto en caso de tenerla. Simplemente me he regalado un «no pasa nada» interior. Y el tema ya no está en mi cabeza. Y cuando coincidimos (que lo hacemos a menudo)... realmente no pasa nada.

Gracias.

Lo siento.

No pasa nada.

Vocabulario o expresiones básicas para las buenas relaciones. Que ponen a prueba nuestra seguridad personal (qué difícil es decir alguna de estas tres cosas en la inseguridad), pero que tenemos que ejercitar y utilizar sin tregua ni restricciones. Nos irá mejor. Con todo tipo de invitados. En todas las relaciones.

Estas son cinco reglas de oro. Nos ayudarán. Siempre. Podemos —y tenemos— que utilizarlas a diario. Son oro para las relaciones. Y cuestan muy poco. Solo necesitamos tenerlas muy presentes.

4

Cenando conmigo mismo

Si deseo tener cenas agradables con mis invitados, de vez en cuando deberé cenar conmigo mismo. Porque:

Mi relación con los demás no es más que el reflejo de mi relación conmigo mismo.

Lo que haga conmigo al final es lo que haré con los demás.

Si me cuido, me mimo, soy sincero conmigo mismo, soy honesto y me juzgo con transparencia... eso mismo haré con los demás.

Si me critico, me maltrato, me descuido, no me mimo y me engaño... eso mismo haré con los demás.

Si quiero cambiar (o simplemente mejorar) mi relación con los demás, **será bueno que planee una cita conmigo mismo,** que me vaya a cenar conmigo mismo y que me mire un poco por dentro.

¿Qué me digo?

¿Cómo me trato?

Pero las respuestas a estas preguntas no son fáciles, porque no está claro que seamos fácilmente conscientes de nuestro diálogo interior. Sin embargo, hay una pista clara: lo que me digo a mí mismo cuando tengo un éxito o un fracaso.

Cuando tengo un éxito...

«No me lo merezco»: voy mal.

«Estoy feliz de haberlo conseguido»: voy bien.

Cuando tengo un fracaso...

«Es que nunca lo conseguiré»: voy mal.

«La próxima vez funcionará»: voy mucho mejor.

Tenemos (según afirman los neurólogos, aunque nunca he acertado a comprender cómo lo miden) sesenta mil pensamientos al día, **y el 90 por ciento son iguales a los del día anterior.** A partir de esta teoría, si me machaco hoy, mañana también lo haré en un 90 por ciento (al menos).

Y si me machaco yo, machacaré a los demás.

Tomar conciencia del diálogo interno es la clave para funcionar yo mejor y que funcionen mejor mis relaciones.

Si no soy capaz de tener una cita conmigo mismo es que de nuevo el entorno está apoderándose de mí y, otra vez, algo falla en el orden de mis relaciones. Y esto será especialmente crítico si llego a la conclusión de que no tengo tiempo para mí en parte porque ese tiempo se lo han engullido mis contactos. Mal asunto. Demasiados *likes*. Volvemos al inicio.

Cenar conmigo mismo es también una buena manera de cuidarme. De dedicarme un tiempo. Un momento de pausa, de meditación, de regeneración. Y esto también se reflejará en mi relación con los demás.

Porque mi estrés es estrés en mis relaciones.

Mi cansancio es cansancio en mis relaciones.

Mi reactividad (a veces hasta agresividad) es reactividad (agresividad) en mis relaciones.

En cambio mi paz, mi serenidad y mi calma son paz, serenidad y calma en mis relaciones.

Lo que haga conmigo lo haré con los demás.

La felicidad empieza en mí.

Epílogo

Aquí es donde quiero estar

Son las dos de la mañana. Reímos. Sé que mañana estaré hecho polvo, que no arrancaré sin un café bien cargado, pero no voy a renunciar ni a un instante de esta maravillosa velada. Porque estoy con mi pareja y una pareja de amigos entrañables. Y sencillamente estamos siendo como somos.

Y me sale:

Aquí sí es donde quiero estar.

Sin duda. A diario.

Y nos despedimos con un abrazo sentido, que lo dice todo. Y que necesito. Todos lo necesitamos.

Ordenar nuestras relaciones no es solo ordenar nuestras vidas, sino también darles sentido.

Elegir.

Cuidar.

Sanar.

Evitar contactos inútiles y cultivar verdaderas amistades.

Son los invitados a nuestra vida.

Y nuestra felicidad va con ellos.

Y una última idea:

No paramos de hacernos fotos y de hacer fotos de todo. El móvil es nuestro aliado. Pues **tengamos una foto de todos nuestros invitados.** Y montemos un cuadro con ellas. Que podamos ver todas las mañanas. Para recordar a mis invitados y lo que me dan. Para tener la motivación de querer **dedicarles a ellos y no a otros** mi energía más preciada.

Será nuestro rincón de felicidad. Nos recordará nuestras mejores relaciones. Su valor y lo bonito que es cuidarlas.

Y lo importante que es **coleccionar amistades en vez de coleccionar *likes*.**

Agradecimientos

A Sonia González. Medio libro es tuyo.

A Andrea Ramon-Cortés. Tus ilustraciones son el ingrediente mágico.

A Carlos Martínez, por no conformarte con publicar y seguir enamorado de editar.

A Joan Riambau, por creer en el proyecto y ayudar a cocinarlo.

A Marta Sevilla, por seguir queriéndome como autor después de trece años.

A Sonia y Max Ramon-Cortés y al resto de mis invitados. Por una vida juntos que me encanta.